▲金万昆与津新红镜鲤

▲金万昆荣获2010年全国劳动模范

▶金万昆为养殖户"打碗"
售苗

▼金万昆选择红白长尾鲫

▲▶金万昆选择亲鱼

▲金万昆指导年轻人挑选亲鱼

▲金万昆在办公

一辈子做好一件事——

『鱼爷爷』金万昆 纪事

王学志 著

天津出版传媒集团

天津科学技术出版社

图书在版编目（CIP）数据

一辈子做好一件事："鱼爷爷"金万昆纪事 / 王学
志著. -- 天津：天津科学技术出版社，2025. 6.
ISBN 978-7-5742-2605-0

Ⅰ. K826.3

中国国家版本馆CIP数据核字第2025QK7675号

一辈子做好一件事——"鱼爷爷"金万昆纪事
YIBEIZI ZUOHAO YIJIANSHI——"YUYEYE" JINWANKUN JISHI
责任编辑：冀云燕　张　卓　马　娜
责任印制：兰　毅

出　　版：天津出版传媒集团
　　　　　　天津科学技术出版社
地　　址：天津市西康路35号
邮　　编：300051
电　　话：(022)23332400
网　　址：www.tjkjcbs.com.cn
发　　行：新华书店经销
印　　刷：北京捷迅佳彩印刷有限公司

开本　710×1000　1/16　印张　14　字数　180 000
2025年6月第1版第1次印刷
定价：68.00元

目
录

03 第三章
拔萃者：育种露峥嵘

04 第四章
奉献者：奋斗终一生

岁岁年年　深情未减

去宁河，是春天。

去宁河，为的是了解全国劳动模范、"天津楷模"金万昆的事迹。

是的，2023年6月19日，91岁的金万昆被授予"天津楷模"荣誉称号。但，仅仅因为这位老人是"天津楷模"才去了解他的事迹吗？

并不是。

蓟运河畔、七里海边，巍峨的天尊阁、红色的方舟路，这里是天津宁河。时间是伟大的作者，它能书写未来的结局。我想，对于未来最大的慷慨，正在于现在就全情投入地付出一切。于是，说干就干，在天津市总工会领导的介绍下，2024年的早春二月，我驱车往返190公里，在宁河区总工会相关领导的陪同下，去天津市换新水产良种场进行了首次采访。怀着对金万昆老人的崇敬，权且叫上一句金爷爷吧！一个多小时的车程并不近，去的路上我一直在思考，金爷爷91年的风雨人生，我应该从哪里起笔书写呢？

金爷爷已经去世，接待我们的是早已等候的换新水产良种场党支部书记孙杰。以前都是通过资料了解金爷爷的故事，现在则更为直观地感受到了金爷爷的风骨。金爷爷给我的第一印象是——质朴！

换新水产良种场和"换新人"从里到外都透着一股质朴。虽然金爷爷已经离开了我们，但是他的办公室依然保持着原有的"工作状态"。金爷爷的办公室也很质朴，同时充满着"鱼"的元素。他坐的那把椅子肯定是个老物件，碎裂的人造革表面和反复缠绕的胶带，足以见证这把椅子的年代久远。还有一台大电视，是现在早已淘汰了的老式显像管电视。

金爷爷的办公桌并不大，和想象中的大老板、大企业家、大学者的办公桌完全不一样，它更像是一个普通家庭的小学生每天写作业用的写字台。这个一米多长的小写字台左侧还放着厚厚的一大摞书籍和打印的资料，在最上面的资料上，还有金爷爷用红、蓝、黑三个颜色的铅笔勾勾画画的批改和注释，就像他昨天刚刚阅读过一样。抬眼望去，办公桌上摆着一个小小的葫芦，上面烙着"鱼趣"两个字。此外，金爷爷的枕巾上也有两条上下排列、相向游动着的鱼儿。

在后来的采访中，我了解到，大家伙儿更喜欢称呼金万昆为"鱼爷爷"或者"他老"。前者显着敬爱，后者透着亲切。

鱼爷爷是怎样的一个人？他的"头衔"挺多，全国优秀共产党员、全国劳动模范、全国渔业科技服务领军人才、"诚信之星"、天津最美科技工作者、天津优秀科技工作者、"天津楷模"、天津市道德模范……拥有众多荣誉的金万昆，却像一个朴实无华的老渔民。"我就是'鱼花子'（打鱼的）出身，是党培养了我，我的一切成绩都归功于党，归功于人民！这辈子，我就为了做好一件事——为党和人民培育出好鱼苗。"他在一次采访中的话掷地有声。

深入了解之后，你会为他竖起大拇指。竟然还有这样一位传奇的老人，总共只有"18天识字班，合计36小时"的学历，却牢牢守住了14亿国人的吃鱼自由与吃鱼安全。

1932年，金万昆出生在一个贫苦的渔民家庭，家里没有一寸土地。老金家一家老小挤在破旧不堪的渔船上，过着风雨飘摇、居无定所的"鱼花子"生活。新中国成立后，渔民被组织起来，成立了渔业互助组、合作社，有了先进的捕鱼船和捕鱼工具，捕捞产量也有所提高。然而大量无序的捕捞导致渔业自然资源被破坏，随之而来的是渔业野外捕捞量逐渐下滑，后来就连以"吃鱼吃虾、天津为家"著称的天津卫，也没有几个鱼类品种，而且捕捞上来的鱼个头都很小。

当时的中国北方还没有成规模的淡水鱼养殖场。没有养殖场，光靠捕捞，总有一天，河里、海里的渔业资源会被吃干捞尽！当时的国家水产部高位推动，积极筹划北方地区水产养殖业的布局。3000尾花鲢、白鲢鱼苗作为奖品奖励给了河北省劳动模范金万昆和他领导的集体渔场。组织上希望他把这些南方的"花骨朵"掐过来，让它们在北方"开花结果"。

于是，年轻的金万昆顶住压力、硬着头皮接下了上级组织分配的"南鱼北养"的攻坚任务。

金万昆全靠一股子钻劲儿、明察秋毫的细劲儿，灵活运用土法子、下苦功夫，克服气候、地域、水温等方面的差异，把3000尾当时只能在南方养殖的花鲢、白鲢鱼苗，在北方养得肥硕健壮。这批鱼还"结了果"，孵化出了小鱼宝宝。

从此，北方地区有了人工养殖的"家鱼"。

但"养好鱼"和"养好的鱼"又是两码事。北方地区市面上最常见的鲫鱼，放在池子里一个月过去，也才长丁点儿大，所以鲫鱼又称"鲫瓜子"，说明其个头小。不妨再举个例子，普通水稻种上两亩地，也不如一亩杂交水稻的产量高。同样的人工，同样的付出，收成却有差距，这就体现了"种"的重要性。

鱼也是，一个良种不仅能让养殖户养出经济效益，更能让国人吃出营养和健康。

于是，当时只有20岁出头的金万昆毅然踏入水产育种这个"无人区"，克服了没有先例、没有老师、没有技术、没有资金的种种障碍。文化水平低、读不懂字没关系，他买来字典逐字查找。理论知识吃不透，他踏遍书店翻找资料。金万昆日以继夜地守护在鱼塘边，仔细观察鱼产卵前怎么摆尾，研究孵化时水的温度多少适宜。受精鱼卵怎么破膜，破膜后如何操作，也都是他必须研究的课题。村里人都笑他是"鱼塘边的雕塑"。从未缺席鱼儿们点滴成长的金万昆，在后来的岁月里，却接连缺席了子女们人生中最为重要的时刻。他因为工作繁忙，春节不在家过是常有的事，三个孩子陆续结婚了，他忙得没空去参加他这个父亲必须要操持和出席的婚礼。小女儿要结婚了，他实在觉得理亏，碰巧婚礼时间没有赶上最为繁忙的孵化季节，他才在婚礼当天匆匆赶回了家。

金万昆成了远近闻名的"鱼痴"，为了培育出新品种，他北上南下引进鱼种，建成了淡水鱼类种质资源活体保存库，以这些种质资源为材料，带领团队先后进行了1000余项淡水鱼类远缘杂交组合试验，其中目间4项、科间129项、亚科间200项、属间240项、种间3项、种内128项、其他300余项，涉及2个目、4个科、7个亚科、18个属的65个品种。其间他与团队有许多新发现：框鳞镜鲤与团头鲂等5个亚科间杂交组合，获得大量生命力强、可进一步育成新品种的育种材料，这是对鱼类"亚科间杂交不能获得有生命力后代"的遗传学理论的突破；对"鲤鲫杂交子代不育"的遗传学理论也有新突破，培育出全黑体色四倍体鲫鱼，进而育成三倍体新品种津新乌鲫。

鱼类育种是需要时间打磨的，要达到遗传稳定、性状优良的标准，最少得选育4代。于是，金万昆扎扎实实、不计成本地反复试验。黄金鲫就是金万昆试验了8年时间，从258项杂交组合中筛选出来的最具优势的组合子代。它的生长速度比普通鲫鱼快2.1倍，当年就能上市，肉质细嫩，最主要的优点是生长快，抗病力强，在池塘、水库、低洼盐碱地、采煤塌陷地等水域都能养殖。

在天津宁河这方小小的鱼塘边，他坚守了一辈子，发表了96篇学术论文，出版了5部学术专著，为中国的淡水鱼类遗传育种理论研究和实践提供了宝贵的基础性资料。他被誉为"北方家鱼人繁孵化成功第一人"，培育出11个国审水产新品种，带领"换新人"奋战在鱼类育种研究和繁育生产的第一线。

早已功成名就、荣誉等身的他，在86岁高龄时，仍不顾劝阻下水作业。直到去世前，91岁高龄的他，仍然心心念念着他钟情一生的宝贝鱼儿们。

天津市换新水产良种场，这里有他的事业，也是他"做鱼"梦想开始的地方。"我这辈子就干了一件事，那就是在鱼池边摆弄这些鱼。"

这是金万昆常说的一句话。在他看来，还是那池水，养的鱼却更多更好，就是渔业良种的价值所在，也是渔业育种人一生坚守的意义所在。

艰苦创业70年，在他的带领下，当年的村集体小渔场，已经发展成为举足轻重的国家级水产良种场、国家科技型种业企业、国家水产种业"强优势"阵型企业。现如今，换新水产良种场内建有区级水产科学研究所、农业农村部天津鲤鲫鱼遗传育种中心和天津市淡水鱼类遗传育种企业重点实验室等权威的育种科研机构。

"农业现代化，种子是基础，必须把民族种业搞上去"，习近平总书记对种业振兴念兹在兹。党的十八大以来，习近平总书记多次作出重要指示，强调"只有用自己的手攥紧中国种子，才能端稳中国饭碗，才能实现粮食安全"，为种业改革发展指明了方向。

执着坚守了一辈子，金万昆一直奋斗在鱼类水产育种的第一线，见证着中国鱼类育种的跌宕浮沉。金万昆常说："人活着得有理想，毛主席说过，共产党人要为人民服务。弄出一条鱼来，养鱼的人说好养，卖鱼的人说好卖，吃鱼的人说好吃。这是一个产业链，好多人因此可以改变生活，勤劳致富，这是一件多么有意义的事啊！"

种子是农业的"芯片"，小小的种子，连着"国之大者"。2023年4月，习近平总书记在广东考察时指出，种业是现代农业、渔业发展的基础，要把这项工作做精做好。

金万昆的研究周期总是以"年"为计算单位。从风华正茂的小伙子，到白发苍苍的耄耋老人，从只上过几天识字班的"鱼花子"到"水产界的袁隆平"，为鱼痴迷的金万昆，为鱼奋斗一生的他，以发展国家水产事业和改善人类膳食结构为己任。

"农林牧副渔"，牵扯着国家根本和人民健康，哪一个方面出现短板，都会影响国计民生。把育成一个个好吃、好养又好卖的"三好"新品种鱼作为奋斗目标，金万昆用行动践行着在入党志愿书上写下的铮铮誓言——只要没有停止呼吸，就要为党的事业工作。金万昆曾在接受采访时动情地说："我就是搞新品种的鱼，这是我值得骄傲的，因为这个新品种搞出来以后，对人民有好处，是为人类服务的。人生就是拼搏，一切要自强自立，热爱自己的岗位和工作，不忘初心地去干，只有这样我们的国家才能够挺立在世界之林。"

他常说："不管是种庄稼还是养鱼，没有良种绝对不行。袁隆平搞杂交水稻，还是那块水田，收的粮食更多更好，解决了十几亿人的吃饭问题，鱼类育种也是如此。"值得骄傲的是，金万昆培育出的11个国审新品种，现已在全国各地推广养殖。

如今，袁隆平爷爷的"禾下乘凉梦"已成现实！而"鱼爷爷"金万昆的"年年有鱼梦"，我想，因着他老人家一辈子的不懈努力与执着坚守，也终将年年岁岁梦想成真！

又一个春天到了！你看啊，在换新水产良种场的池塘周边和道路两旁，高高的白杨树、婆娑的柳树将自己的倒影静静地映在水中。鱼池周边的冬青、玉兰、柿树、月季也都从冬天的睡梦中醒来，伸腰展臂，绿影点点，花香四溢。你听呀，不远处传来一阵阵有节奏的铁砧铁锤的敲击声，铛铛铛、铛铛铛、铛铛铛铛、铛铛铛——这是春天的节奏，是换新场的饲养员为了强化培育，在招呼鱼儿们来吃饭。听到"铛铛铛"的敲击声，一时间，鱼儿们纷纷跃上水面，争先恐后地游向"食台"争抢饵料，真是一派生机勃勃的景象呀！

我仿佛看到"鱼爷爷"金万昆又要披挂上阵，指挥一年一度的"孵化战斗"了。这位本该早已安享晚年的鲐背老人，这位完全可以躺

岁岁年年 深情未减

在功劳簿上，如数家珍地向后辈们讲述对国家贡献的创业者，是永远不会停止奋斗的。他总是在不断地反躬自省，扪心自问，面对革命先烈用生命和热血换来的江山社稷，自己为党和国家干了些什么，下一步自己带着换新人怎么办。这是何等高尚的境界，何等宽广的胸怀，何等崇高的人格！

辛苦了一辈子，奋斗了一辈子，也劳累了一辈子，是否该真正地享受生活了？是否可以放心地退休了？对"鱼爷爷"金万昆的事迹了解得越深，我的种种疑问就越深。但是我已经永远无法向"鱼爷爷"提出我的疑问了。我只知道，"鱼爷爷"终其一生，都在渔业和水产育种第一线，守护着他的鱼塘，守护着他的试验，守护着他的宝贝鱼儿们，从未离开。

2023年6月19日，91岁高龄的金万昆被授予"天津楷模"荣誉称号。在随后召开的座谈会上，金万昆在职工的搀扶下给大家深深地鞠了一躬："我是一名共产党员，养鱼做鱼一辈子，就是为了信守当年对党的那份承诺，请大家以后继续支持换新，我们做好鱼，你们卖好鱼，让老百姓有好鱼吃……"

如何写出与"鱼爷爷"金万昆崇高道德相吻合、精神境界相一致，既有思想高度，又见艺术价值的文学作品，像一座高山一样横亘在我的面前。纵观金万昆的一生，从他91年人生长河中，我找寻着"为了那份嘱托""一辈子做好一件事""他的承诺与生命等长"等感人之处，思考着在这一个个璀璨的人生闪光点背后，指引金万昆不断找寻方向、不断成长、坚定前行的灯塔是什么。

金万昆曾经感慨："我是在一条破渔船上出生的，就一'鱼花子'，是党信任我、培养我，没有共产党，哪有我的今天？"为了报答这份恩情，他从一块荒地起步，挖鱼塘、建渔场、修道路、建车间，像铁人一样，忙了一年又一年，一直干到生命的尽头。

岁岁年年，金万昆深情未减。而年年岁岁，虽然"鱼爷爷"已经离开我们了，但我想，他的背影、他的事迹、他的精神，从未离开我们，终将伴随着人们的深情仰望，愈发壮伟、愈发雄阔！

我想，这是肯定，肯定的！

▼
岁岁年年　深情未减

第一章

拓荒者：酬志蓟运河

01 /

贫苦渔民的儿子

> 是中国共产党把这些零散的渔民找到一块儿、组织起来。是中国共产党让这些渔民"洗脚上岸"，在芦台镇定居下来，结束东飘西荡的"鱼花子"生活，和新中国一起喜迎崭新的时代。

宁河，因河而名，傍海而兴，得盐渔之利、舟楫之便。开凿于东汉的蓟运河，属海河流域北系的主要河流。据《天津市地名志》记载，蓟运河，洵河与州河在九王庄汇流后往东南，流经蓟县、宝坻、玉田、宁河等县境至北塘镇注入渤海。蓟运河干流长179公里，自唐代渔阳（今蓟州区）成为军事重镇以后，各朝代多赖此河漕运南粮供应军需，故此河也被称为运粮河，明清以后逐渐称蓟运河。

新中国成立之前，就在这条蓟运河上，生活着一些贫苦的渔民，他们赖以生存的捕鱼船叫作连家船。他们没有固定的住址，一家老小挤在一条小渔船里跟着鱼群跑，在蓟运河上漂泊无定，过着夏季分散、春秋聚集的捕鱼生活，穷困潦倒。每到冬季，河水结了冰，这些渔民才不得不前往蓟运河畔的宁河附近的村庄讨生活。蓟运河当时水面宽，水产资源丰富，能较容易地捕到底层鱼，秋天还有河蟹可捕。有渔获，才有生活来源，捕了鱼虾好去岸上的集市换回来柴米油盐和一家人的吃穿用度。春、夏、秋三季，有鱼可捕之时，渔民们还可以勉强糊口，可到了冬天，日子就非常不好过了。因为冬天河道结冰，少有鱼虾可捕，渔民们的境况真的是衣衫褴褛难避风寒、食不果腹乞讨无门，于是，这蓟运河上一户户的渔民，在冬天就成了"鱼花子"。

就在这样的环境下，金万昆出生在蓟运河上一个贫苦的渔民家庭。

那是1932年的夏天，天空中小雨淅淅沥沥地下着，为炎热的天气带来一丝凉意。金万昆的父亲名叫金凤鸣，是一个老实巴交的赤贫渔民，一个靠水吃饭的穷苦人。一条破旧的木头渔船，几乎是这户渔民家庭的全部财产。金凤鸣常年在蓟运河打鱼，祖辈传下来的这条船，让金凤鸣格外珍惜。可这天运气不太好，下了几网都没有打到什么鱼。金凤鸣摇摇头，叹了口气，没能打到鱼，意味着今天的吃食还没有着落呢。

金凤鸣的妻子胡文芝已经怀有身孕，因为已经生过一个孩子，加之计算的生产月份已经到了，胡文芝预感到自己即将分娩。

穷人家生孩子没有那么多讲究。胡文芝抹了一把汗，对正在船头蹲坐着发呆的丈夫大声说："孩儿他爹，别摇头叹气啦，你赶紧把咱家船靠到河岸边，给我去集市上或者村里寻些草纸，我感觉快要生了。"

眼看着妻子即将分娩，金凤鸣不敢怠慢，赶紧摇着渔船，在河边的一个小村庄停泊下来。

远远望去，这条破旧的渔船上有三个人——24岁的金凤鸣，23岁的胡文芝，以及4岁的大儿子。

土地是农民的命根子，而这条在风雨中飘摇的小渔船，无疑是这户渔民家庭的命根子。船上没有什么值钱的东西，但很多家庭生活的必需物品纷纷体现着这户贫苦渔民的生活智慧。你看，金凤鸣将几根竹片弯成弓形，再在上面蒙上一领媳妇胡文芝编的苇席，就成了这个"家"的屋顶。常年的风吹日晒，让这领苇席早已被岁月侵蚀得破旧不堪，但无论如何，席子遮蔽下的这方小天地，都是这户贫苦渔民的避风港。

这天深夜，随着一声啼哭，一个小生命来到了这个凄风苦雨的世界。"嗬，又是一个小子!"金凤鸣给虚弱的妻子擦擦汗，高兴地说。

夫妻俩既为这小生命的到来高兴，同时又感到一丝忧虑。"生个小子是喜事，可这兵荒马乱的年月里，活个人多难啊，多一张嘴都是负担，何况是咱这样的家庭……"妻子胡文芝一边心疼地轻抚着孩子，一边无可奈何地叹了口气。

金凤鸣挺挺胸膛，显示着一家之主的担当，他宽慰妻子："孩儿他妈，放宽心，俗话说'老天爷饿不死瞎家雀儿'，虽然这兵荒马乱的年头多张嘴轮到谁家都够呛，但小二既然投奔到咱老金家，一个孩子也是生，两个孩子也是养，车到山前必有路，咱家这条小渔船，肯定能船到桥头自然直。走到哪步算哪步吧，咱们多吃点苦，多打点鱼，想法儿把孩子们拉扯大。再说了，谁也不知道哪块云彩有雨。你思谋思谋、掐算掐算，咱家小二这个时辰点出生，说不定长大了还能出息呢，给咱老金家光宗耀祖！"

丈夫的一番话逗笑了妻子。胡文芝说："我哪会掐算啊。唉，小二生在咱家，也是难为他啦！"

"没嘛，以后咱就两头不见日头地干吧，咱家小二自有他的福分。"

夫妻俩你一言我一嘴说的这个"小二"，就是金万昆。

年幼的金万昆，像所有渔家的孩子一样，腰里拴个葫芦，被一根防止落水的绳子系在船头，就度过了短暂的幼儿时期，稍大一些就要帮着父母干活。

一晃眼，金万昆长到了8岁。虽然说吃了上顿没下顿，小小年纪的金万昆黑黑瘦瘦，但天可怜见似的，这个老金家的"小二"却很少生病。靠水吃饭的老金家生活艰难，年幼的金万昆从小就看着父母辛苦打鱼、日夜操劳，知道父母的辛酸和不易，所以年幼的他吃东西不挑不拣，什么都吃，只要凑合填个肚子就行。至于填饱肚子，那就不太敢奢望了。

都说穷人的孩子早当家，看着母亲吃力地摇橹，年幼的金万昆就跑到母亲身边，抡起一双小手，随着母亲摇橹的节奏使劲地摇，为的是让身体羸弱的母亲省点力。再一看那边父亲要起网了，他又跑过去帮助父亲拉网。有句俗话叫"三岁看小，七岁看老"，小金子的种种可爱行为被父母看在眼里，两口子都觉得这个"小二"没白养，勤快又懂事，长大了准错不了。

都说父母是孩子的一面镜子，年幼的金万昆在贫困的生活中，受到父母勤劳朴实品德的熏陶，养成了吃苦耐劳的精神品质。

1943年，金万昆11岁了，已经是个半大小子了，虽然还是瘦瘦黑黑的，但眼里有光，是个能拿主意的小男子汉。老金家已又添新丁，金万昆有了两个弟弟。一家六口挤在一条破旧的小渔船里，这回别说吃饭成问题，连睡觉的地方都没有了。

金万昆回忆说："捕鱼的人，在新中国成立前是最底层的穷苦人群，我家兄弟多，父母要养活这么多孩子不容易，所以穷和苦，对于我来说是平常的事。"

于是，11岁的金万昆无奈地离开了家。为了糊口，他去别人家的渔船上打短工，在那个年月里，受尽白眼和欺压，其中的辛酸只有他自己知道。

02 /

地图上从此有了"换新村"

金万昆拉住镇党委书记齐景贤的手，激动的心情无法平静，他连声说："太好了，太好了，我们就叫这个名字吧！换新，换新，我要带领着大家伙儿，用我们打鱼人自己勤劳的双手，改天换地，换来新生活，叫大家伙儿都过上好日子！"

抗日战争胜利后，国民党反动派悍然发动全面内战，烽火连天，民不聊生。蓟运河上的渔民们无处安身了，他们不得不辗转流落到子牙河那边去了。这期间，倔强的金万昆因不甘忍受船主对童工的欺辱，背起自己的小行李卷沿路乞讨，回到了父母身边，一家人在天津三岔河口讨生活。

直到新中国成立，贫苦渔民才从重重苦难之中挣脱出来，大家伙儿满怀欣喜之情，重返蓟运河。蓟运河也十分慷慨，以丰富的渔产回报着这些重归故里的老朋友。

1949年，17岁的金万昆已经长成一个结结实实的壮小伙子了。长期的漂泊丰富了他的社会阅历，也让他懂得了更多革命道理，知道共产党、解放军是为老百姓撑腰做主的队伍。芦台镇的解放，使渔民们喜笑颜开，多年笼罩在大家脸上的愁云散去，金万昆一家人也获得了新生，看到了未来的希望。每天，金万昆和父母一起下河捕鱼捉蟹，换回一家人的吃喝穿戴，渐渐有了一些积蓄。

日子越过越好，金万昆也渐渐展现出家里主事人的远见。他每天吃完晚饭，就坐在自家渔船的船头，看着远处天空出现的橘色晚霞，看着晚霞映照下波光粼粼的蓟运河，思谋着一家人的未来。他想去贷点款，换一条大渔船，能直出蓟运河，到渤海湾里去打鱼。总在河里捞鱼捉虾，渔获渐渐减少了，鱼的个头儿小了，种类也少了。反正都是下一样的力气，既然人民政府有好政策，那咱就去试试看。

新中国成立后的这几年，蓟运河畔的渔民达到了百十来户，大家伙儿满怀信心，置船换网，摩拳擦掌地准备大干一场。

1953年1月，新中国成立后的第四个春节即将来临。一百多户渔民有一部分还在外地，而在芦台镇的渔民则纷纷购置年货，准备迎接春节的到来。正在大家准备过春节的时候，从当时的河北省省会保定来了一个人，大高个，看上去精明强干，却又风尘仆仆。他叫张士全，是河北省民船商业同业会的秘书。张士全此行是受上级党组织的委派，来芦台镇（当时归河北省管辖）完成一项重要的任务。

张士全的任务是光荣的，也是划时代的。他的任务就是把分散的、单个的、四处游荡的一户户渔民组织起来，走合作化的道路。张士全来的这个时间是最佳时机，他早就算好了，春节期间河面结冰，渔民们不能下河打鱼，正是上岸歇冬的时候，人员较为集中。

1951年9月，中共中央通过了《中共中央关于农业生产互助合作的决议（草案）》，强调应根据生产发展的需要和可能，积极发展、稳步前进的方针和自愿互利的原则，采取典型示范、逐步推广的办法，引导个体农民组织起来，达到增加生产、增加收入的目的。

正是基于这个政策背景，上级党组织交给了张士全这项光荣的任务。同样是渔民出身的张士全身材高大，白净的脸上架着一副近视眼镜，显得斯斯文文。要知道，在当时的农村地区，戴眼镜的"先生"是不多见的。接触过张士全的人都知道，这个小伙子未说话时总是面带笑容，让人觉得亲切。

张士全来到芦台镇的第一件事就是挨家挨户登门拜访。他带着工作记录本，笃笃地敲响了渔民们的家门。

张士全平易近人，又是从省里来的，说话有礼貌，又有学问，再加上渔民们都很实在、热情，所以家家户户都愿意留他吃饭。于是，就有了这样的一幅画面：张士全每到一户渔家，就边吃饭边打开话匣子，给大家讲中国共产党的政策和全国各地的新鲜事。他在省里工作，接触的事多，知道的东西也多，国际的、国内的、天文的、地理的，都能海阔天空一顿聊。当时的渔民文化水平普遍较低，加上业余生活相对匮乏，所以听张士全说话就像听评书一样，大家伙儿听得津津有味。

眼见着大家伙儿都爱听，张士全就有意把闲聊的话题收住，然后话锋一转，讲起共产党号召渔民组织起来，走合作化道路的事。渔民们一个个瞪大了双眼，因为他们从来没听说过这么新鲜的词儿。

"我们这打鱼还能走合作化？咋走？"

"咱还能组织起来，建个村庄，选个村长？"

"这个合作化，到底是谁跟谁合作啊？谁当东家，谁是佃户？"

张士全说：“咱都新中国了，哪还有东家和佃户这么一说，咱们人人都是自由平等的。”

大家伙儿拉着张士全的手，盘问这盘问那，问组织起来干什么，问合作化道路是个啥，问走这个道路有啥好处……张士全面带笑容，用笔记本一一记录下大家伙儿的问题，又耐心地给大家解答。

这天，张士全来到金凤鸣家，一眼就看见了金万昆这个浓眉大眼、身材魁梧的小伙子。张士全和金凤鸣寒暄了一阵后，拉着金万昆坐下，两人如同兄弟一样亲热地攀谈起来，金万昆的母亲胡文芝忙张罗着做饭。

“万昆兄弟，你今年多大了？”张士全笑着问道。

“眼看都21啦。”金万昆回答道。

“结婚了吗？”

“结了。”说完这句，金万昆脸色微红。

“挺好，挺好，老话讲成家立业，万昆，你这成家就代表着立业啦！挑家过日子，我先祝贺你！”

“您可别说笑话啦，我这成家是成家了，可立业还谈不到呢。您看看，我们这一大家子还指着这一条渔船过活。”

金万昆继续说：“不过，现在比以前受气受苦的日子那是强太多了。”说到这里，金万昆的眼神里充满了感激。

“话说回来，士全大哥，您这次从省里来我们这儿，肯定是有嘛事吧？”金万昆一边说着，一边给张士全递上根土制卷烟。

张士全推了推鼻子上的眼镜，接过烟，哈哈大笑。

“万昆兄弟，这大过年的，我来咱们这儿指定不是为了和大家伙儿聊闲天的。”说着，张士全一双眸子盯着金万昆的双眼，“我这几天听说了一些事。"

金万昆有些纳闷，问他听说了什么事。

"这些天，关于你金万昆的情况，我这两只耳朵里可都灌满了。渔民兄弟们一谈起你，都挑大拇哥。"说到这里，张士全对着金万昆称赞地竖起了大拇指。

金万昆挠了挠头，不好意思地说："没啥，大家伙儿都是苦日子里走过来的，遇到叔叔大爷为难招窄的时候，我当然要帮一把了，咱这年轻有把子力气，肯定要帮助大家，而且这都是互相的，没什么好说的。"

"万昆兄弟，你问我这次来咱芦台有啥事，那好，我把我此次来的目的和你说说。"张士全收起了笑容，语气变得严肃起来。

"上级党组织知道，咱们芦台这里聚集着百来户渔民，我的主要工作就是把这些渔民组织起来，按照毛主席的指示，走互助合作化的道路。"

一听是上级党组织，还有毛主席的指示，金万昆立即坐直了身子，虽然他对张士全的一番话似懂非懂，但他知道共产党好，毛主席是中国人民的大救星。

"士全大哥，我没文化，您说的是啥意思？组织起来，合作化？"

只见张士全伸出手，五指分开，在金万昆眼前一晃，问他："万昆兄弟，你看我这只手摊开来这样拍打桌子，有没有力道？"

金万昆盯着张士全的手，说道："士全大哥，你这五个手指叉开了，这样太分散，拍在桌子上当然没有力道了，搞不好手还疼呢。"

张士全听了，两手一拍，哈哈大笑。他又把摊开的手紧紧握成一个拳头，再问金万昆："你看这样握成拳头再打桌子，有没有力道？"

"那还用问，握紧的拳头似重锤嘛。"

"对喽，万昆兄弟，就是这么个道理。现在我问你，是一家一户单个的渔船跑单帮有力道，还是把大家组织起来拧成一股绳、握成一个拳头有力道？"

"士全大哥，我懂了，大家只有组织起来才更有力量。渔民兄弟们要是都能组织起来，一起建大船去大海里打鱼，那得是怎样的一番光景啊！"金万昆爽朗地回答道。

"太好啦，我没看错人，万昆，还是你思路活泛。"说到这里，张士全像是想起了什么，打开他的帆布书包，从里面抽出一沓资料，接着说道："万昆兄弟，你抽空看看这些资料，这里边有许多新内容、新思想，你要学习学习党的方针政策，早日让自己的脑筋开开窍。"说完，张士全把材料递给了金万昆。

金万昆面露难色："不怕大哥您笑话，我识字不多。唉，穷人家的孩子没几个能上得起学的，这些材料认识我，我指定是不认识它们呀。"

张士全点了点头，轻轻地拍了拍金万昆的肩膀，勉励他说："万昆兄弟，我懂你。你我都生在旧社会，咱们穷苦渔民哪有钱去念书啊。但是作为过来人，我希望你下决心去学文化、长才干。你看，这解放都好几年啦，咱们都是新中国的主人，建设咱自己的新中国，没有文化、没有才干可不行呀，咱都不能当睁眼瞎，更不能每天仨饱俩倒地没个追求，你说是不是这个理儿？"张士全给金万昆加油鼓气。

"那是，那是，不过远水解不了近渴呀。士全大哥，这样吧，您现在想叫我干嘛就直说吧，您是上级派来的人，是毛主席和共产党让您来的，我们都听士全大哥您的。"金万昆急于听听张士全的工作任务。

"我来芦台快半个月了，总听大家说你这个人心肠好，为人正直厚道，宁可自己吃亏也不叫别人受委屈。你有很好的思想品质，又有干工作的想法，在渔民中肯定有号召力。我今天找你，就是想让你牵头成立渔业生产互助组，你来当组长。万昆兄弟，你考虑考虑？"张士全把期待的目光投向金万昆。

这可是金万昆从来没有想过的事。虽然他是顶天立地的男子汉，又有主见，喜欢琢磨，但当领导的事他从来没有想过，更别提干过了。没干过的事心里肯定没底，可金万昆转念一想，这既然是共产党的任务、毛主席的指示，还有士全大哥掏心掏肺的信任，就没有理由往外推，不管有多大的困难也要努力干好。

金万昆畅想着，成立渔业生产互助组，走互助合作化的道路，就意味着一家一户小规模的生产方式将要结束。以后大家摽着膀子一起干，握成一个拳头，那干劲可就大了去了。

那时候男人们组成捕捞队，女人们就在家管好后勤工作，既然上了岸有了固定的居住点，孩子们就可以不用像父辈那样当睁眼瞎，到了年龄就去上学……"鱼花子"们祖祖辈辈的梦想，眼看着在我们这一辈就要变成现实啦！金万昆想着想着不由自主地笑出声来，笑着笑着又情不自禁地湿了眼眶。

张士全看着金万昆激动的神情，心里有了底，知道这个年轻人准能挑起这副担子。"万昆兄弟，我看你激动的样子，准是有了啥想法，说出来让我听听怎么样？"

"士全大哥，您刚才说的话我完全明白了。"金万昆用力眨了眨眼，继续说道，"我肯定努力，困难再大我金万昆也要顶着，决不辜负党的恩情，还有士全大哥您的信任。"金万昆激动地表态。

"万昆，你下一步打算怎么办？"张士全取下眼镜，从口袋里掏出手绢，一边擦拭着镜片，一边歪着头问金万昆。

"我打算这么办，"金万昆站起来，左手握成拳，重重地砸在自己的右手掌上，发出了"啪"的一声脆响，"士全大哥，我刚刚思谋了一下，我要出去一趟。刚才我脑子里把我们这些渔民挨个过了一遍，还有三十多条船没回芦台，有的在子牙河，有的在白洋淀。我得去找他们，给他们做工作，让每家至少派一个人到芦台来。等人都到齐了，咱们在一起开个大会，传达上级党组织的指示。士全大哥，你看这样可以吗？"金万昆把自己的想法像竹筒倒豆子一样，一股脑地说了出来。

张士全点点头，向金万昆投去赞许的目光。

刚过正月初五，金万昆安排好家中的各项事宜，嘱咐妻子照顾好父母，再带上一双母亲做的布鞋，便启程寻找在外地生活的同乡渔民。

1953年，新中国成立刚刚三四年的时间，百废待兴，公共交通很不方便。从芦台通往各地的公路，也不过是窄窄的土路。金万昆没有交通工具，也没有经费，出门主要靠两条腿。

金万昆早就考虑过了，不能沿着公路走，此行的目的是找分散的渔户，所以得沿着河道走。既然如此，那划船去不是更方便吗？这个想法很快被金万昆否定了。划船去找不实际，因为一家老小还要指着那唯一的渔船去捕鱼捞虾过生活呢。于是，最经济且最实际的方式还是步行去找。

金万昆的路线很清晰，他从蓟运河走到潮白河，再从青龙湾河走到南运河，最后从子牙河赶到白洋淀。金万昆走到哪儿就谈到哪儿，谈到哪儿就成到哪儿。往返快两个月的时间，他走了几百里路，两双实纳底的布鞋全都磨破了。

虽然金万昆的身子是劳累的，可是他的心里却比蜜还甜，因为他出色地完成了党交给他的第一个任务。

金万昆归心似箭，大步流星地往家赶。回到芦台还没进家门，他就直接去找为工作暂驻芦台的张士全汇报自己的工作成果。

两个人一见面，张士全的眼睛就湿润了。快两个月的风吹日晒，让金万昆变得像黑脸包公，脸上有的地方因为长时间暴晒，已经脱了一层皮。因为没时间洗头理发，头发像个落满灰土的乱鸡窝。裤子磨破了，脚上穿的布鞋早已经看不出原来的模样，着急赶路的金万昆，自己搓了点草绳，绑在已经分了家的鞋底和鞋帮上。

见到金万昆为了党的任务不辞辛劳，张士全紧紧握住金万昆的手，久久没有分开。

"万昆，我的好兄弟，你辛苦啦！"张士全激动地说。

"士全大哥，渔民们听我讲完成立互助组的好消息后，都举双手赞成。"金万昆消瘦的脸庞露出了灿烂的笑容。

张士全在金万昆的肩膀上重重地拍了一下，说："万昆，你任务完成得很好，你为党做了大量的工作，等外出的渔民回来后，咱们就开大会，成立渔业生产互助组。"

1953年4月，芦台渔业生产互助组成立了。渔民们一致推选不到21岁的金万昆当组长，金万昆从此成了这些渔民兄弟们的带头人。

时代的脚步永不停歇。1956年，芦台渔业生产互助组升级为渔业合作社，名字叫"芦台家眷船渔业生产合作社，"大家照这个名字刻了一枚公章。金万昆也从互助组组长升级为合作社社长。

这天，金万昆叫会计开了一封介绍信，在介绍信的下方端端正正地盖上了公章。他带着这封信去芦台镇政府找时任党委书记齐景贤签字，以便给渔业生产合作社购买集体生产资料。

齐景贤解放前是宁河县一区区长兼区委书记，解放后任芦台镇的第一任党委书记。他中等身材，乌黑的头发，宽宽的前额，走起路来有军人的风度，办事干练。一见金万昆，齐景贤就从座位上站起来，热情地和他握手。

"万昆，你来得正好，我还想着找你谈谈工作呢！"说完，齐景贤给金万昆倒了一杯水，两人分别落座。

"万昆，渔业生产合作社的成立是渔民群众的一件大事，是我们党在这个时期方针政策的具体体现。你当了合作社的社长，身上的担子可是不轻啊。"

金万昆腼腆地说："齐书记，领导工作我从来没干过。不过请齐书记放心，我金万昆把身子放在最苦处、最累处、最难处，带头拱着往前干，指定叫渔民们的日子过得一天比一天好。今天吃大饼卷肉，明天吃贴饽饽熬鱼。"

金万昆和镇里领导开了个小玩笑。因为金万昆知道，民以食为天，"吃"对老百姓来说是第一位的，"吃"里面有民生，"吃"里面有民情，"吃"连着千家万户的冷暖和幸福。

金万昆接着汇报工作："书记，我今天找您，就是请您在我们开的介绍信上批一下，我们合作社准备在供销社买点生产资料，搞搞小建设。"说完，金万昆把介绍信双手递给了齐景贤。看完介绍信的内容后，齐景贤紧紧盯住这枚公章，眉头紧锁，像是在思考什么。

"万昆，买东西搞建设这没问题，镇党委肯定支持你们。不过，这几天我在想一件事。"

金万昆没有说话，继续听领导说。

齐景贤说："万昆，你们成立渔业合作社的消息传出去，大伙儿都为你们高兴。我想的是，合作社应该有个响亮的名字，你看啊，渔民群众上岸啦，渔民兄弟组织起来啦，不用再沿着一条河上游下游来回漂泊、居无定所地讨生活。这可是一件改天换地、可喜可贺的大好事呀。家眷船这个名字不好，你们已经在岸上定了居，也就是个村了，连个村名都没有那像啥话。我都想了好几天啦，叫个什么名字呢，既响亮又有意义还朗朗上口的名字。"

金万昆憨笑着，说道："齐书记，我猜您肯定是有个准谱啦，您说说看！"

齐景贤哈哈大笑，拿起纸笔写了两个字，递给金万昆，说道："万昆，你看你们这个村叫'换新'怎么样，合作社就叫'芦台换新渔业生产合作社'。"

"换新！"金万昆双手捧起这张薄薄的纸，激动的心情溢于言表。你想啊，祖祖辈辈在河中捕鱼捞虾，为了混口饭吃，四处游荡。人家问他们是哪儿的，他们咋说呢？没个村名，没个地名，别说地图上，就是口头上都没个名字。

"齐书记，这个名字起得真好听，有啥讲呀？"

"换新，代表辞别了苦难的过去，换来了新的幸福的今天，这个村名怎么样，大有意义吧？"

金万昆听完，连声说："太好了，太好了，我们就叫这个名字吧！换新，换新，我要带领着大家伙儿，用我们打鱼人自己勤劳的双手，改天换地，换来新生活，叫大家伙儿都过上好日子！"

从这一天起，换新村的名字在芦台，在宁河县的地图上正式被标示出来。一枚"芦台换新渔业生产合作社"的新公章也第一时间启用了。这一年，24岁的金万昆带领着合作社的渔民们改天换地，投身到新中国社会主义建设的滚滚洪流中来。

金万昆自己，自此也踏上了生命中的新征程。

03 /

> 在后来的多个场合里，金万昆毫不避讳地说："实事求是地讲，我是个文盲。"在开创水产养殖事业前，金万昆只上过18天的识字班，每天晚上两小时，总共36小时，这就是他的最高学历。

童年的金万昆与家人住在一条小船上，终日漂泊。背着书包去学堂无疑是个遥远的奢望。

1943年，只有11岁的金万昆迫于生计离开了家，去别的船主家做帮工。几经辗转，他来到了河北省武强县的一个小村子。村子不大，大概也就百户人家，村头有棵大槐树，槐树后边有几间土坯房。每天早晨，土坯房里都会传出孩子们琅琅的读书声。金万昆卖鱼回来路过那里的时候，都会故意把脚步放慢，就好像那里有一块磁石吸引着他，听到孩子们"之乎者也"地大声读书，他那颗渴望知识的小脑袋也好像飞进了课堂。他是多么想上学啊，可手里的鱼篓、背上的鱼筐又把他拉回了现实。连饭都吃不饱，何谈读书认字，金万昆的内心五味杂陈。

久而久之，学堂里的教书先生发现教室外面总有人扒窗户。

这位教书先生高高的个子，身着灰色长衫，清瘦的脸上戴着一副近视眼镜。他走到金万昆身后时，金万昆并没有发觉，还在向教室里张望。

看着放在一旁的鱼篓、鱼筐，教书先生就知道了个大概。"小朋友，你在干什么呢？"他温和地说。

金万昆一听身后有人说话，猛然回过身来，一看是学堂里的教书先生，顿时小脸像只红透了的苹果似的，两只小手捏着衣裳角，局促地站在那里，羞赧地说："先生，打扰您啦……"

"小朋友，听口音你不像我们本地人。你叫什么名字？"教书先生耐心地问。

"我叫金万昆，大家叫我小金子。我家离天津卫不远，就在蓟运河边的芦台镇。"

"这兵荒马乱的，你年纪这么小，怎么到这儿来了？"教书先生抚摸着金万昆的头和蔼地问。

金万昆低下头，喃喃地说："我家人多，吃不饱饭……我就来别人家的渔船上帮工。"

教书先生沉默了一瞬，随即蹲下身子拉住金万昆的小手，亲切地说："小金子，看来你很喜欢上学，是吗？"

金万昆看着教书先生，点点头。

"但是上学要交学费的。"

"先生，我……我没钱……"金万昆低下了头，声音越来越小。

教书先生摇了摇头，又点了点头，拍拍金万昆的肩膀，回去继续讲课了。

日有所思，夜有所梦。这天夜里，金万昆梦见自己坐在学堂里，学习了不少字，懂得了很多道理，还在课桌上铺了一张纸，正拿起笔来准备写一封信，寄给远在芦台的爹娘……

没过多久，由于不堪忍受船主的欺压，金万昆决定离开这里。这个自小性格刚强的孩子，背起自己的小行李卷，只身徒步回到老家。虽然失去了扒着窗户听课的机会，但无论如何，一家人团聚比啥都强。

1948年，春节刚过，镇上的一所学校要开学了。金万昆这时已经16岁，是个大小伙子了。他知道自己学文化的机会不多了，于是再三催促父亲金凤鸣到学校说说，让他去上学。

功夫不负有心人。收到入学通知后，母亲胡文芝从心底里替儿子高兴。她彻夜未眠，为金万昆缝制了一个书包。

正当金万昆为了能够上学而情绪高涨的时候，蓟运河提前解冻了。

冰雪消融之时，河鱼极为肥美。渔民们最盼望的就是河水早点解冻，好早早捕获开河鱼，卖个好价钱。各家各户纷纷修船织网，整理捕具，准备撒开今年的第一网。

金凤鸣两口子更是起早贪黑地忙碌，指望能趁此机会攒够儿子的学费。但此时的金万昆犹豫了。看着父亲不再如年轻时挺拔的腰背，又看看母亲青丝间新添的白发，他默默把新书包收起来，躲到没人的地方，大哭了一场。

在自己上学和一家人糊口之间，这个16岁的小伙子无奈地选择了后者。

再后来，新中国成立了。在全国扫盲运动的浪潮下，金万昆上了18天识字班。而这18天就是金万昆开创水产养殖事业前接受教育的全部时间。在以后的多个场合里，金万昆毫不避讳地说："实事求是地讲，我是个文盲"。18天识字班，每天晚上两小时，总共36小时，这就是他的最高学历。

但学习从不局限在教室里、讲台下。从互助组到合作社，再到换新渔场，金万昆以实践为师，以带领换新人过上好日子为动力，捧着字典自学水产养殖的理论知识。从1956年起，金万昆连续3年获评河北省农业先进积极分子。1958年，年仅26岁的金万昆被评为河北省劳动模范。金万昆边干边学，他在实践中学习，在学习中成长。

04 /

入党志愿书

> 那是1958年4月的一天，金万昆在入党志愿书上郑重地写下这样的铮铮誓言："为党的事业奋斗终身，只要是活着，在我停止呼吸前的一分钟，也要为党工作！"以后的岁月里，他用自己一生的时间，践行着当初的入党誓言。

芦台的解放，让金万昆知道是中国共产党给穷人做主，让穷人翻身得解放，让他们这些"鱼花子"上岸，有了自己的土地。在与张士全以及齐景贤的多次接触中，金万昆切身感受到了共产党人实事求是的作风与为人民服务的情怀。

那是1958年，当时的芦台镇党委书记齐景贤问他为了什么而入党，金万昆从自己的心窝里掏出一句热辣辣的话：为了领着我们这些打鱼人过上好日子！

同年4月的一天，金万昆在入党志愿书上郑重地写下这样的铮铮誓言："为党的事业奋斗终身，只要是活着，在我停止呼吸前的一分钟，也要为党工作!"以后的岁月里,他用自己一生的时间,践行着当初的入党誓言。

金万昆入党,还要从他1956年任换新渔业生产合作社社长说起。

1956年芦台换新渔业生产合作社的成立,使上百户渔民依靠集体的力量走上了丰衣足食的道路。金万昆这个年轻的领头人,在领导合作社发展的过程中得到了锻炼,增长了才干,工作越来越勤奋,热情也越来越高涨。

白天里,金万昆和大家伙儿一起捕鱼,他这个社长总是拣最重、最累、最危险的活儿干。晚上,金万昆就坐在自家的小炕桌前思考第二天的工作安排,一边想一边在笔记本上用铅笔歪歪扭扭地写下几个字,遇到不会写的字就用符号代替,这些符号别人看不明白,只有金万昆自己能看懂。

群众的眼睛是雪亮的。凭着勤勤恳恳的工作态度、一心一意为集体着想的心劲儿,金万昆得到了全体社员的一致拥护。

芦台镇党委对换新渔业生产合作社的成绩给予了充分肯定,对金万昆的工作非常满意。但是镇党委发现一个问题,那就是每次召开农村党支部书记会或党员大会,其他村都有人到镇政府报到参会,唯独不见换新村的人。

这是为什么?金万昆咋不来开会呢?换新渔业生产合作社咋没个人来呢?镇党委经过一番了解后才恍然大悟,原来换新渔业生产合作社到目前为止,还没有一名共产党员。

发现问题,就要及时解决问题。芦台镇党委书记齐景贤已经有了关于发展换新渔业生产合作社谁入党的考量。

这天,镇党委召开了扩大会议,其中一项会议内容就是专门研究换新渔业生产合作社的人谁能入党的问题。

齐景贤进行了表态发言："换新渔业生产合作社没有一名共产党员，我这个镇党委书记也是有责任的。换新人要发展他们合作社的第一名党员，对他们来说，这是大事。所以我决定亲自作为金万昆的入党培养人，对他进行考察和培养。"

这天，齐景贤去合作社找金万昆，想和他正式谈一谈入党的相关事宜。

正巧赶上金万昆主持合作社生产组长的工作会议，分析渔业生产的形势和安排今后几个月的生产任务。会议快结束的时候齐景贤到了。

金万昆站起身来向合作社的组长们介绍了齐景贤，然后宣布会议结束。他急忙搬过来一把椅子，请齐书记坐下，又忙不迭地倒了一杯水。

齐景贤环视办公室的四周。东墙上贴着一张大红纸，上面写着换新渔业生产合作社社员的名字，红纸的下方写的是合作社领导人员分工的名单。北墙正中央悬挂着毛主席和朱德总司令的大幅画像，画像两边用楷书字体写了两条标语，一条是毛主席万岁，一条是共产党万岁。西墙则是月生产进度统计表。临窗的南面摆着两张办公桌，油漆剥落露出了里面的木纹。房间虽然不大，但干净整洁。

齐景贤喝了一口水，放下杯子，看着金万昆说道："万昆，今天我来找你，是准备跟你谈一件大事，是关于你和你们换新的大事。"

金万昆认真地点了点头，他知道镇党委书记亲自来，肯定是有重要的事情。

"万昆，听说你11岁就在别人的船上当童工，吃了不少苦，遭了不少罪，你说是谁把你这么一个苦孩子从旧社会解救出来，培养你当上了换新渔业生产合作社的社长？"齐景贤开始了启发式的谈话。

提起过去，苦难的经历在金万昆的脑海浮现：日本帝国主义的暴行，国民党反动派的抢掠，地主老财的黑心欺辱……是共产党把我们从苦海里搭救上岸，就是我这个在旧社会里根本没人拿正眼看的人，如今在党的培养下，当上了换新渔业生产合作社的社长。这曾是连做梦都不敢想的事情啊，现如今却变成了现实。想到这里，金万昆眼睛湿润了，他百感交集地说："齐书记，您启发我的话，我都懂。俗话说'吃水不忘打井人'，没有毛主席和共产党，哪有我们换新人和我金万昆的今天！说一句掏心窝子的话，我到死也忘不了毛主席和共产党的大恩大德。"

"好，万昆兄弟！你说得很好，也很实在！"齐景贤从椅子上站了起来，语气庄重地说，"你对共产党人有深刻的认识，你也知道这甜是怎么来的，这是你思想进步的基础。我现在问你，金万昆，你愿意成为一名共产党员吗？"

金万昆听完齐景贤的话，心情像久旱的大地迎来一场透雨，又如迷失方向的舵手看见远处闪烁的航标灯。成为一名共产党员，是他梦寐以求的。

金万昆激动地说："我非常愿意成为一名共产党员，这是我早就装在心里的一件事。现在我正式向您提出申请，我愿意接受党组织对我的考验，希望能够早日成为一名共产党员。"金万昆表明了自己的态度和决心。

"那我这个镇党委书记作为你的入党培养人，你有什么想法吗？"

"太好了，太好了，感谢镇党委对我的关怀，谢谢齐书记您能作为我的入党培养人。"金万昆感激地说。

"万昆，你知道吗，入党不是为了胸前挂个牌牌，图个功名利禄，图个脸上好看。共产党的宗旨是全心全意为人民服务，要吃苦在前，享受在后。在党需要我们的时候，不惜牺牲自己的一切乃至献出自己的生命，这才是真正的入党动机。万昆，从现在开始，你要加强党的基本知识的学习。"齐景贤严肃地说。

这次谈话使金万昆的心情久久不能平静。这天深夜，躺在炕上的他还在回味令他终生难忘的这次谈话。

1958年4月，经过一段时间的考察，齐景贤把一份空白的入党志愿书交给了金万昆，并语重心长地对他说："万昆，这份志愿书重千斤，这是你的政治生命。你要用心填写，要写好你自己对共产党的认识。"

金万昆拉过一把椅子，端端正正坐在桌子前，用袖子把桌子擦了又擦，把自己的政治生命——这份入党志愿书轻轻地放在桌子上。他打开志愿书，从头到尾看了一遍。他看明白了，入党首先要写好自己对党的认识和理解。金万昆不会用华丽的辞藻去堆砌自己的感情，也不懂修辞炼句去表达自己的想法，他只有一颗对党无比赤诚的心。那份入党志愿书金万昆整整写了一天。他手握钢笔一笔一画地写，认认真真地写，写进了他这26年的生命历程里，对于党的理解和忠诚，对于事业无限的热爱，对于人民群众厚重的感情，对于自己未来无限的憧憬。

停笔沉思许久，金万昆抬头远望，窗外夕阳西下，晚霞漫洒。对了，还有一句话，应该加到这份沉甸甸的入党志愿书里。于是，金万昆在对党认识的最后一句里这样写道："在我停止呼吸前的一分钟，也要为党工作！"

经过一年的预备党员考察，1959 年 4 月 11 日，金万昆转正成为一名正式党员。他也是换新渔业生产合作社成立以来的第一位共产党员。从此，他以共产党员的标准对自己提出更高的要求：把自己的一切献给党，献给人民。

作为换新渔业生产合作社的当家人和换新人里的第一名共产党员，金万昆的目标很实际，就是要千方百计把合作社的生产搞好，叫渔民生活好，穿暖吃饱，做一个让党放心、让群众满意的共产党人。

05 /

从"打鱼郎"到"养鱼翁"

咱渔民以前只会捕鱼，没有其他的谋生手段，上岸后大家伙儿能做什么，靠什么生活呢？当时还没有"可持续发展"这个词，但年轻的金万昆，带领着同样年轻的"换新"，他要思谋，他要奔跑起来，这是换新当家人的责任与义务。

金万昆是一个干着今天想着明天，干着现在想着将来，善于思考问题又具有前瞻性谋略的人。他心里时常琢磨着一件事：现在合作社的社员每天起早贪黑地捕鱼捞虾，像我们这样的捕捞队在全省、全国得有多少个？如果这样持续下去，年复一年地捕捞，那么中国的渔业资源将要发生大问题，有一个成语就叫"竭泽而渔"。

近几年，大家伙儿明显感觉捕获到的鱼越来越少。父亲那一辈人能捕到的常见鱼种，如今不少都成为稀缺品种，父亲那时候能捕到的大鱼，现在几乎捕不到了。大家伙儿既痛心又担忧：咱渔民只会捕鱼，没有其他的谋生手段，万一捕不到鱼，要靠什么生活呢？当时还没有

"可持续发展"这个词，但头脑活泛的金万昆就已经想到，不能无休止捕捞，要大力发展渔业养殖，要两条腿走路。

对，合作社得走捕养并举这条路。但很多渔民兄弟，包括金万昆自己，虽然跟鱼打了一辈子交道，但上岸养鱼还是大姑娘上轿——头一遭。

琢磨出新发展思路的同时，金万昆也遇到了从未有过的新问题。他深思熟虑后，把自己的想法向齐景贤做了详细的汇报，并把自己对国家渔业未来发展的担忧也告诉了齐景贤。

齐景贤耐心地听完金万昆的汇报，鼓励金万昆带领换新人闯出一条捕养结合的新路。

长期的水上谋生，使金万昆掌握了各种鱼的生活习性。他在船头往四周一看，就能通过水面、水流、水情判断出这段河道上哪个地方有鱼。到什么季节，什么样的鱼追逐产卵，细心的金万昆摸得一清二楚。

草喜清，鲢喜绿，鳙喜肥。虽然金万昆经过长期的生产实践，已经掌握了包括"四大家鱼"在内的一些淡水鱼品种的养殖技巧，但他不能凭空把鱼苗变出来。在当时的客观条件下想搞养殖，鱼苗从何而来呢？要知道，当时北方还没有成规模的淡水鱼养殖场。

没有现成的经验可借鉴，没有成熟的模式可参考，没有系统的知识可学习。一切都要靠自己去摸索。思来想去，金万昆决定自己到河道里采鱼卵。这个方法虽然很原始，但却是目前金万昆能想到的最优解。

这年夏天，雨水挺勤，蓟运河的水一天天涨起来，河水已经漫上了河滩，水面显得格外宽阔。这一天，烈日炎炎，空气里像下了火，又像个大蒸锅，闷得人喘不过气来。宽阔的水面上时而有鱼儿竞逐嬉戏，跃出水面，惹得水面波光粼粼，涟漪泛泛。金万昆头上顶着一个麦秆编的大草帽，光着膀子，赤脚走在河滩上。只见他走上一段路便停下脚步，蹲下身子往河里瞧，并在河边做好记号。然后他把提前预备好的稻草取来，一捆一捆地绑好。

渔民出身的金万昆有一双大脚，因为长期光着脚丫站在船上，所以金万昆的脚长得尤其宽厚，这样在舢板上才能站得更稳。今天，渔民出身的金万昆就要用这双渔民所特有的宽厚大脚，为换新的渔民、为新中国的渔民，去蹚开发展的前路。

金万昆蹚着水，把肩上扛着的稻草捆放在河里做了记号的位置。他一次次地蹚水下河，直到把稻草捆全部放好。金万昆做完这一切，站在河岸上，看着一个个稻草捆，露出了满意的微笑。

夕阳慢慢染红了天际。嘶鸣一天的蝉趴在树干上休息，偶尔从远处传来蛙声。放好稻草捆后，金万昆并没有着急回家。事实上，他的艰巨工作才刚刚开始。夏日的夕阳，用尽了最后一丝力气让河面上的水汽蒸腾，同样蒸腾的还有金万昆一颗焦急的心。这个实验能否成功关系着换新人的未来，关系着合作社设想的捕养并举两条腿走路能否实现。

金万昆在河边定了定神，找了一个草丛不那么茂盛的地方坐了下来。天擦黑就要下蚊子了。金万昆从自己随身的口袋里掏出一个饽饽，这是他的晚饭。

这会儿已经没太阳了，金万昆索性把草帽摘了，拿在手里扇凉，顺便赶蚊子。他一声不响地坐在河边，仔细听着河里的动静。听啊，等啊，时间不紧不慢地走着，天也全黑了下来，没有手表的金万昆看了看月亮的方位，估计已经半夜 12 点钟了。这时候，只听河里哗哗地响，像开了锅似的。金万昆心里甭提多高兴了，他知道，这些响动是一群一群的鲤鱼在咬籽。约莫一小时过后，喧嚣的河面恢复了平静。金万昆从河岸边站起来，把草帽夹在腋下，走向了大堤。

河岸边蚊子太多，他看鲤鱼已经咬籽了，索性转战河堤上继续留守观察。金万昆在河边整整待了一夜。东方现出了鱼肚白，天渐渐亮了，当太阳升起来的时候，金万昆伸了个懒腰，慢慢地走下大堤，蹚着水向自己放置的稻草捆走去。

定睛一看，金万昆高兴极了，因为他发现稻草捆上粘满了晶莹剔透的小珠，他知道，这就是鲤鱼的受精卵。金万昆看着这些密密麻麻的鱼卵高兴得合不上嘴。他把粘满鱼卵的稻草一捆一捆地往换新合作社运，再拿上家里的坛坛罐罐、缸缸盆盆，全都盛满水，把稻草放在水里。屋里、院里全摆满了，合作社看上去好像卖瓦盆瓦罐的门市部。

金万昆知道，这只是万里长征的第一步。他有这个思想准备，告诫自己要发扬不怕艰苦、连续作战的工作作风。他准备了一个小本子，拿了个小板凳，坐在这些坛坛罐罐旁边，像个小学生一样，俯下身子，细心观察并记录着鱼卵的变化。

经过四天四夜的忙碌工作，金万昆欣喜地发现，这些坛坛罐罐、缸缸盆盆里，出现了很多的"水花"（鱼苗的第一阶段）。这意味着采卵孵化鱼苗成功了。

这个消息一经传出，就轰动了芦台镇。镇党委决定把八个废弃的窑坑拨给换新渔业生产合作社，同步挂牌成立换新渔场，由金万昆兼任换新渔场场长。

人最需要的是一种奋发向上的精神，只要有了这种精神，就会产生改造世界的极大力量。

这一年秋天，金万昆召开了换新渔业生产合作社全体社员大会。会上，金万昆用洪亮的嗓门宣布了两件事。一是换新人要走一条以养鱼为主的新道路。二是从秋季开始到春节前这段时间，除外出捕鱼的社员外，在家的男女老少一律上阵挖鱼池，为下一年度换新渔场的发展打基础。金万昆的话音刚落，台下就响起了热烈的掌声。

要知道，那是20世纪50年代，机械设备还不普及，挖鱼池、建渔场不是简单轻松的事情，只能依靠人的两双手，一镐一镐地刨土，一锹一锹地铲土。

金万昆作为换新的带头人，很少说豪言壮语。他激励大伙儿的方法很简单，那就是自己带头下大苦、受大累、流大汗。没有汗珠子掉地上摔八瓣的精神头儿，啥事儿也干不成。金万昆就像一面迎风招展的红旗一样，干在最难处、走在最险处、扛在最累处，用自己的身体力行鼓舞着大伙儿的激昂斗志。换新人的劳动积极性也确实被金万昆这个当家人调动起来了。

你看啊，金万昆带领着换新村的几十名男女老少，在未开垦的土地上开始了创业的征程。隆冬季节，凛冽的西北风发出刺耳的尖叫，卷着黄沙土在空中飞旋，打在脸上像刀割一样疼。气温已经降到零度以下了，大地横七竖八地躺在那里，冻得像铁块一样坚硬。金万昆迎着寒风，第一个把棉袄甩掉，只见他往手心里啐了口唾沫，攒足力气抡起钢镐打在地上。"哪"的一声，像极了金属相撞发出的声音。金万昆聚拢眼神一看，地上只是一个小土坑。

金万昆并不气馁，只见他一镐、两镐、三镐……换新人一看社长金万昆拼死拼活地干，备受鼓舞，人人不甘示弱，有的抢镐，有的搬冻土块，有的抄起车把推起独轮小车就走，整个鱼池工地展现出一派热火朝天的景象。

第二年的春天，30多个方方正正的鱼池像棋盘一样横卧在芦台边缘的大地上，水放得满满的。平静的水面上倒映着蓝天白云，白云飘动，仿佛群鱼在池中游动。金万昆站在鱼池旁，看了一眼自己满是老茧的双手，又无限欣喜地看着注满水的鱼池，心里甜滋滋的。

这年夏季到来之前，金万昆再一次做好了河中采鱼卵的准备。他从邻村拉来了稻草，又是一捆一捆地绑好。为了采鱼卵他已经睡不着觉了。那些天他偷偷地深更半夜起床，肩上搭着一件破褂子，脚上蹬着一双破布鞋，又独自一人来到蓟运河边。这条养育了他和众多渔民兄弟的母亲河，将再次带给这个勤快的后生奇迹。

一连几天夜出晨归，一批一批的鱼卵被取回来放在鱼池里。几天后，鱼卵破膜变成细小的水花，十几天后长成乌仔头，群群小鱼在鱼池中游动，金万昆人工采卵孵化再次成功了。

经过换新人的精心饲养，到了秋天，鱼池中的鲤鱼个个都有半斤重。从外回来的换新人，来不及进家门就先往换新渔场跑，都想要第一时间一睹金场长养的鱼。看着那些欢蹦乱跳的鲤鱼，大家笑得合不拢嘴。这欢蹦乱跳的，可是换新人未来的好日子呀！

时代不会辜负每一个努力奋斗的人。金万昆河中采鱼卵孵化养殖成功的消息，很快从芦台镇委传到宁河县委，又从宁河县委传到河北省委，引起了省领导的关注。

1958年，河北省劳动模范表彰大会召开，表彰在我国社会主义革命和建设事业中做出贡献的劳动者。芦台镇换新村党支部书记兼换新渔业生产合作社社长、换新渔场场长，不到27岁的金万昆被评选为河北省劳动模范。

时任河北省委书记的林铁同志，在大会上特别提到，芦台镇换新渔业生产合作社的发展是惊人的，他们是河北省水产战线上的一面旗帜，是各行各业学习的榜样。

坐在台下胸前戴着大红花的金万昆眼眶里早已经噙满了泪水。27年的风霜雨雪，苦辣酸甜，让金万昆百感交集。童年的苦难，奋斗的艰辛，恶补文化的难，长期熬夜观察记录鱼卵的累，以及领导的信任，群众的支持，共产党和毛主席的温暖，一齐涌上他的心头。金万昆抬起头，用噙满泪水的双眼注视着台上的省领导，又用手抚摸了一下胸前的大红花。

06 /

肇始于一张小纸条儿

> "1958年，河北省奖励先进生产力，我是先进代表，沾光跟着去了。给了奖状、红旗，另外给了一张小纸条儿，条儿上写着奖给换新渔场3000尾鱼苗。领导叫我养好了，一定要养好了。"

一张小纸条儿能有多重？也许连几克都不到。但是就有那么一张小纸条儿，它重有千斤，因为这张小纸条儿改变了中国淡水鱼养殖与育种的格局。

1958年，金万昆被评为河北省劳动模范。在表彰会上，一位领导的话，让他深受启发。那位领导说，我们正在全力恢复生产，但仅仅依靠捕捞，只能使我国渔业资源走向枯竭，下一步一定要大力发展水产养殖业，才能解决人民群众吃鱼的问题，这才是根本。会上，省委领导高度评价了换新合作社"捕养结合"的工作成绩，同时还给予金万昆一张写有"供应3000尾鱼苗"的小纸条儿作为物质奖励，鼓励他从事水产养殖事业，挑起鱼苗孵化的重担，为发展水产养殖业做出更大的贡献。

这些鱼苗都是从长江里捕捞上来的花鲢、白鲢。1955年以前，北方几乎没有花鲢、白鲢，草鱼也很少，人们主要食用的是鲫鱼、鲤鱼，还有鲇鱼。

这3000尾鱼苗说是奖品，其实是一项新的任务，上级党组织要求金万昆养好这些鱼苗，并在北方推广。

当时北方还没有一家成规模的淡水鱼养殖场，渔民出身的金万昆在捕鱼方面是行家，但要说养鱼，他却是一脚门里一脚门外，毕竟换新渔场也才刚刚起步。

但金万昆明白，花鲢和白鲢是长江水系的鱼种，属于中国"四大家鱼"。在当时的运输条件下，3000尾鱼苗从南方运到北方不容易。他暗下决心，一定要养好这批鱼。

笔者查阅有关资料发现，这批鱼苗来自长江之滨的江西省瑞昌县（今瑞昌市）。该县位于长江中游，占有长江岸线19.5公里，江宽、岸平、水缓，特殊的地理位置和水文条件孕育了丰富的渔业资源。这里是青、草、鲢、鳙四大家鱼的摇篮，所产鱼苗因质优、高产、苗纯等特点而享誉长江流域，素有"金不换"之称。在鱼类养殖专家钟麟先生发明的四大家鱼人工繁殖技术得到广泛应用之前，四大家鱼鱼苗多采自天然水域，通过水运、陆运送到各地养殖场。

采购奖品鱼苗的事宜由河北省水产局操办。在表彰大会的筹备阶段，他们得知江西省瑞昌县盛产长江水系四大家鱼鱼苗，便迅速派人通过江西省农牧渔业局联系到瑞昌县码头镇洪庆渔业社，采购了一批长江鱼苗，共计10万尾，通过水路运回河北，用于水产养殖，而这其中就包括奖励给金万昆的3000尾鱼苗。

运鱼苗的船抵达时，换新村的男女老少像迎候贵宾一样，早就集结到了蓟运河的码头边。他们知道鱼苗的到来，将是他们生活中的一个新起点。齐景贤也来了，他激动地一个挺身就跳上了运送鱼苗的船。

他对金万昆说："发展淡水鱼养殖是党的事业，我相信你们换新人一定能搞好，为咱们全镇、全县，乃至咱们全省，做出示范。"

金万昆把这番话作为党的嘱托，深深地烙在了自己的心里。从此，这个渔民出身的人与养鱼结下了不解之缘，开启了为之奋斗一生的淡水养殖鱼类育种事业。

金万昆得到这批鱼苗后，高兴得不得了，他把它们安置在早已准备好的鱼池里，带领换新的社员们开始尝试池塘人工养殖淡水鱼的生产实践。

回到家里，金万昆犯了难。养外地鱼还真没干过，这3000尾鱼苗很是珍贵，别给养坏了。于是，从这天起，金万昆几乎天天待在鱼池边，观察鱼苗生长，结合以往经验，设定喂食时间。

到了转年的秋天，绝大多数鱼都长到了一公斤左右。金万昆养殖鲢鱼成功的消息轰动了华北渔业界，多个省市的领导和专家到宁河芦台取经，年纪轻轻的金万昆，一下子成了众人学习的典型。

金万昆回忆说："秋天一出鱼热闹了，都长到二三斤一个，那都乐坏了，也都没见过。县水产局的人一看，往上面一汇报，省里头、专区、这儿那儿的，都轰动了。"

站在成绩面前，金万昆没有沾沾自喜。为了不辜负党组织给予换新人的厚望，为了实现自己的梦想，他继续精心饲养这些鱼，并打算将其培育成亲鱼，用于探索在北方气候条件下的鱼苗人工孵化工作。

金万昆向前来参观的领导表达了自己的心愿："鱼苗饲养成功只是

第一步，更重要的是搞人工孵化。北方还没有先例，我要努力，争取把人工孵化鱼苗搞成功，为党和人民做出点贡献。"

金万昆这位渔民出身的共产党员，在没有文化、没有先例、没有技术路径、没有成文可参考的情况下，要大踏步地迈进科学的殿堂，闯入中国北方当时无人涉足的淡水鱼人工繁殖领域，这是何等的豪迈气魄与勇气担当。

而在这份豪迈气魄与勇气担当的鼓舞下，在中国北方的宁河县芦台镇换新村，即将拉开中国北方家鱼人工繁殖的激昂序幕。

07 /

北方家鱼人繁孵化成功第一人

> 1961 年，第一批人工培育亲本、人工孵化成活的 100 多万尾白鲢鱼苗，在宁河芦台的换新渔场诞生了。从此，中国北方有了首个家鱼鱼苗繁育场，金万昆被誉为"北方家鱼人繁孵化成功第一人"。

1961 年初春，组织上派金万昆前往江苏省学习白鲢的孵化技术。

出发前，河北省水产局的领导语重心长地对金万昆说："万昆，你要把南方的花骨朵给咱北方捎回来，争取让这些花骨朵能在咱们北方结了果，我们把希望可都寄托在你身上啦。"

金万昆认真地点了点头。他没有多说什么，渔民出身的金万昆实实在在，比起说什么，他更加在乎自己踏踏实实地做些什么。

都说书山有路勤为径，学习上金万昆是很刻苦的，他很珍惜这次难得的学习机会。但学习对他来讲也是很艰难的，因为金万昆的文化基础薄弱，科学知识欠缺很多。老师在课堂上讲"绒毛膜激素"，金万昆听不懂，在本子上把"绒毛膜"记成"毛妈妈"。为了掌握老师讲授的知识点，课堂上没听懂的词，金万昆就记下读音，课后再拿出自己的字典，根据读音查找到这个词，再誊写在本子上。

金万昆在一次采访中回忆说："人家都有文化，都是研究员、博士，我啥也不是，学得很艰难，人家出去都是什么山啊，什么塔啊，都玩去，我是成天瞎鼓捣。可实践证明，我这瞎鼓捣得还算是不错，最后文字考试的时候，我还得了个第一名。"

40天的学习下来，金万昆的笔记本记得满满当当。金万昆回忆说："这40天的集中学习，主要是学习催产孵化，特别是学习淡水鱼的生物特性。我觉得我下了最大的力气。反正领导说的话你不能忘了，要把南方的花骨朵给北方掐回来，在北方结果。"

金万昆面临很多困难。人工孵化鱼苗是一项要求具备深厚的科学理论基础和先进技术的研究事业。在当时，我国北方还没有一家人工鱼苗孵化的试验场所。在我国养殖业发达的南方，技术设备较为先进的扬州水产研究所，当时也只能靠从长江捕捞大鲢鱼为亲本进行鱼苗孵化，而做不到人工培育亲本进行人工孵化制种并推广养殖。搞鱼苗人工制种，对于仅学习过40天专业知识的金万昆来说，谈何容易。

想想都很难，更别提做了。在当时，很多国内专家都论证过，在自然环境下，北方地区不适宜家鱼繁殖，北方因此被看作家鱼人工繁殖的禁区。从南方学习归来的金万昆却要闯入这个禁区。

金万昆回忆说："那时候我养的亲鱼成熟了，正是繁殖的旺盛期。我是渔民出身，知道这鱼的习性是怎么回事，又学习了一些知识。按照长江里它产卵的规律，我反复模仿自然水域的水环境，反复观察、计算、试验。流速多大最适宜孵化？水质是什么样的？酸碱度如何？弄清楚了各种条件才行啊。"

志不求易　事不避难

"志不求易，事不避难……不遇盘根错节，何以别利器乎"，这句话出自南朝宋范晔的《后汉书》，意思是立志不求易成，做事不怕艰难，如果没有盘根错节难砍伐的树木，怎么分辨刀斧是否锋利？

金万昆就是这样的人，只要有用，越是没接触过的东西他越想挑战。化学是一门既抽象又深奥的学科，对于金万昆来说，学习化学好比没路的高山——难上。

但他想起了省领导意味深长的话，"万昆，你要多学点文化知识啊，无论遇到什么困难也要克服，把北方家鱼人工孵化搞成功。这当然会困难重重，就看你怎样对待这些困难了。"省领导的这番话鼓起了金万昆克服困难的勇气。

家鱼人繁孵化涉及多门学科，包括化学、医学、遗传学、生物工程学等。这可是一项复杂的工程，它需要非常深厚的知识储备和长期的实践经验。对金万昆来说，在闯过文化关以后还要开足马力闯过多个晦涩难懂的学科大关。

金万昆开始攻读化学了。他又打开了《新华字典》，最后·页是化学元素周期表，上面一个个方格里写着"H""O""K""Hg"……这些都念啥？是啥意思？金万昆和这些化学符号简直是张飞看老鼠——大眼瞪小眼。但金万昆并没有灰心，他利用工作之余，向邻村一位教过中学化学的老师求教。他有自己的学习方式，那就是先把知识点死记硬背下来，在大脑中形成深刻的印象，然后再去理解其中的意思。金万昆的本子上记得满满都是元素符号、化合价、化学方程式。他把写满符号的小本子揣在口袋里，工作之余就拿出来看看，掏出笔来练练。

开会休息时，他从不离开座位，身子往椅背上一靠，两眼一闭，这些变化莫测的符号就出现在他的脑子里。金万昆以锲而不舍的精神，对化学基础知识有了比较全面的了解，为家鱼人繁孵化的研究创造了必要的条件。

客观条件已经成熟（白鲢达到性成熟），主观条件也已满足（具备人繁孵化知识），金万昆决定开干了！正值1961年中国北方春暖花开的4月，看着换新渔场里欢蹦乱跳的大白鲢，金万昆知道亲鱼已经培养好了。

于是，金万昆在换新渔场的池塘中开展试验，通过调节水流、水量、水速来模拟长江流域的水文环境。为了更方便地开展工作，金万昆索性在换新渔场盖了一个简易窝棚，吃住都在池塘边。

正确的思想，科学的方法，必要的物质准备是进行试验的前提。在这次鱼苗孵化前，金万昆做了几个方面的准备工作。

首先，他做好了家鱼人繁孵化的物质准备——选好亲鱼，并购买催卵药品。为了保证种鱼顺利产卵，他对饲养的白鲢一尾一尾地反复筛选，个体小、性腺不成熟的一律淘汰，最后选出了300尾优质亲鱼。

其次，他备好了试验需要的各种器具并选拔了一支精干的技术队伍。搞鱼苗孵化必须有产卵池和孵化池，建造像样的产卵池和孵化池需要一笔不小的资金。可是这笔钱金万昆和换新渔场都没有，又赶上三年困难时期，群众温饱都是问题，到哪儿去找这笔资金呢？

金万昆思来想去，决定发挥主观能动性，用土法自建产卵池、孵化池。他的想法得到了村民的支持，在群众会上，金万昆说："现在国家有困难，没有经费给咱们，咱们就自己建，不给国家添麻烦。"

金万昆的话音刚落，大家一齐应声："行，我们听你的，你怎么说我们就怎么干!"

于是，经过半个月的昼夜奋战，换新渔场土法建造的露天产卵池和孵化池完工了。

万事俱备，孵化开始了。

金万昆按学习过的方法精确计算注射量，给亲鱼注射催产药，然后把这些经过药物催产的亲鱼，又一条一条小心翼翼地放在产卵池里。近10小时后，水面热闹起来，亲鱼在产卵池里游来游去，雌雄追逐，不时跃出水面。他看见雄鱼从生殖器释放出缕缕精液，雌鱼乘势甩出细密的鱼卵，瞬间结合，形成受精卵。金万昆用密网把受精卵捞出，再小心翼翼地放进孵化池里。

到了决定试验成败的关键时刻。金万昆惦记着孵化池里的鱼卵，夜里辗转反侧、难以入眠。可喜的是，过了几天，这些受精卵里出现了针尖大小的黑点。黑点在接下来的几天逐渐变大，然后破膜而出，一条条小生命诞生了!

换新人的家鱼人工孵化成功啦!

金万昆像个孩子一样欢呼雀跃、喜极而泣。

消息很快传到县里，又从县里传到了省里。一时间，金万昆这个名字，成为北方水产战线上响当当的存在。

就是靠着铁杵磨针的精神和钻劲儿，金万昆攻克了道道难关。历史应该记住这一年，不到30岁的金万昆，在1961年人工孵化成活了100多万尾白鲢鱼苗，引起业界震动。他被誉为"北方家鱼人繁孵化成功第一人"。

这100多万尾人工孵化成活的鱼苗，在换新渔场的鱼池里欢快地游动着。从这一刻起，在中国北方，有了第一个家鱼繁育场。

08 /

渔民走进科学院讲课

> 1961年10月，河北省水产协会召开学术研讨会，金万昆受邀参加。在专家云集的大会上，金万昆第一次走上讲台，做了题为"我国北方家鱼人工孵化的可行性"的学术报告，用科学的理论和自己的亲身实践证明了在北方也能进行家鱼人工繁殖。

功夫不负有心人，金万昆开创了我国北方地区鱼苗人工孵化的先例。看着这些活蹦乱跳的鱼苗，就像看着自己的孩子一样，金万昆万分高兴。欣喜之余，他拿起笔，要把这几年来的工作经验好好总结一下，向上级领导汇报。经过几个月的挑灯夜战，他终于完成了人生中的第一篇论文——《我国北方家鱼人工孵化的可行性》。这篇论文推翻了四大家鱼催产、孵化技术不适合在中国北方推广的传统观点，金万昆用亲身实践证明了在北方能够人工繁殖家鱼。

1961年10月，河北省水产协会召开学术研讨会，大会特意邀请金万昆参加，并让金万昆做一场学术报告。

得知这个消息后，金万昆很激动，因为他知道参加研讨会的人都是业界权威，而自己只是个养了些鱼的渔民，"领导对我这样重视，我要尽全力写好这个学术报告，向党、向人民、向水产同行做一次全面的汇报。"金万昆下定了决心。

带着这份凝结了自己全部智慧和心血的报告，金万昆走进了科学院，参加在该院召开的学术会议。

让一位渔民给科班出身的科学家们做学术报告，这是多么的难能可贵啊！一向认真的金万昆，用渔民的语言、渔民的智慧，加之以实践为基础对所得理论的印证，慷慨陈词，足足讲了4个小时，演讲结束，大家报以了热烈的掌声。

金万昆回忆当时的情景说："我做报告的时候，想着大会的时间宝贵，特意找别人借了块手表好看时间。这个学术会的发言有规定，给我是40分钟。我是怕过了点，耽误领导们的事。专家、教授、领导们在下面坐着，我一紧张就总看表，一个领导就说：'小金子，你不要总是看表了，总想着时间怕你有负担讲不好，要不这样吧，这上午的时间都给你，你就敞开了给大伙儿讲吧。'领导让我大胆讲我就说呗，整整一个上午，我讲到了12点，从40分钟变成了足足4个小时。"

这次成功的学术报告，增强了金万昆干好水产事业的信心。后来，他从一位水产专家口中得知，培育新品种才是鱼类养殖的根本出路。这为金万昆指明了未来的奋斗方向。

金万昆回忆说："也就是从那以后，我就开始专项地、利用每一分钟的时间学习育种。这样慢慢地，有那么两三年的时间，几乎把这本书的东西都能背诵下来了。从那以后，我就开始选种育种。要不说，为啥那条白鲢选了整整50年。反正是从那以后，我始终没放弃鱼类育种的学习和研究。"

金万昆说的这条白鲢，那是后面的故事了。

这次从省里回来，金万昆感到肩上的担子越来越重了，他越发体会到文化知识的重要。渴求科学知识、不断攀登科技高峰成为他此后生命中的主旋律。他抓紧点滴的时间继续自学。1963年，在河北省水产学会召开的技术交流会上，他再次登台汇报了换新渔场的试验成果，宣读了《鲢、鳙、草、青鱼培育过程和体会》的论文，引起了与会专家学者的关注。专家们一致认为金万昆的论文对北方地区水产养殖有着极高的应用价值，遂聘请他为河北省水产研究所特约研究员和河北省水产学会会员。

一个渔民被聘为特约研究员，这个消息在水产界引起强烈的震动。金万昆成为当时我国北方水产战线上不可多得的青年科技新星。

以后的日子里，金万昆的名字随着我国水产事业的发展，传得越来越广，叫得越来越响。

第二章

探索者：实践出真知

01 /

第二章 / 探索者：实践出真知

杨扶青副部长的嘱托

> 1961 年，金万昆成功将白鲢人繁孵化！此事惊动了水产部，时任中华人民共和国水产部副部长的杨扶青，多次从北京跑到宁河。年届七十的老部长语重心长地说："小金子啊，你就搞育种，育种是大事！"年轻的金万昆将老部长的话牢记在心，并由此走上养鱼和育种的道路，历尽坎坷，痴心不改……

1961 年，金万昆成功将白鲢人工繁殖，实现了中国北方家鱼养殖的新突破。这项成果被当作喜讯逐级上报，不久，时任中华人民共和国水产部副部长杨扶青，从北京专程来到宁河芦台换新渔场。

杨扶青是水产专业出身，曾被选送到日本东京水产讲习所留学。回忆起和杨扶青的这段经历，金万昆觉得还挺有意思。

起初杨扶青是一周来一次，这么大的领导也不说话，也没啥具体指示，就背着手站在换新渔场的鱼池边上，看着金万昆干活。再后来，杨扶青三四天就来一次换新渔场。金万昆起初觉得，领导来渔场只是为了看鱼，便没有多想，也没有多问。

后来有一次，杨扶青在这个精干的小伙子手脚麻利地干活的时候，向他抛出了一个问题。

杨扶青说："我说小金子啊，你想干什么呀？"

年轻的金万昆摸摸脑袋，困惑地回答："领导，您问我想干啥？我这不天天干着呢嘛，养鱼呀。"

又过了几天，杨扶青终于露出了自己的"底牌"。他这天又来到换新渔场，把正在忙碌着的金万昆叫到了一边。老部长这次表情很严肃，看样子是要找金万昆正式地谈一次话。

金万昆连忙放下了自己手里的活儿，快步来到老部长面前。杨扶青郑重其事地对金万昆说："小金子，你知道为啥我总来你们换新渔场看你在鱼池边上摆弄鱼吗？你知道吗，小金子，你光养鱼不行，你得会做鱼啊！"

年轻的金万昆一听老部长叫他"做鱼"，第一反应是老部长让自己熬鱼、炖鱼给他吃。

金万昆说："领导，做鱼是个啥意思啊？"

经过这段时间的观察，杨扶青认定金万昆是个难得的水产育种人才，因此才语重心长地鼓励他要迎难而上，投身水产育种事业。当杨扶青告诉他，做鱼的意思就是培育鱼、搞水产育种时，年轻的金万昆心里打鼓，他有些犹豫。事实摆在那里，做鱼可不是普通渔民能研究得了的事，这需要系统的学习，先进的实验设备，大量的时间、精力和经费。

犹豫了一会儿，金万昆说："部长，您应该知道，我没上过什么学，搞水产育种我以前没干过，我不会啊。"

杨扶青严肃地说："小金子，咱新中国成立十多年来，人民生活水平已经有了显著的提高，可是咱们的水产事业要向前发展，光靠捕捞是不行的，得有好种啊。今后搞水产的人，要关注种质，只有把种搞好了，我们的水产事业才能够发展得更快更好。小金子，你就把种搞起来吧。"

这话可说到了金万昆的心坎上。水上漂泊着长大的金万昆，对捕捞渔获量的减少深有体会。以前父辈能打到的大鱼，现在打不到了，以前在蓟运河能有的收成，现在需要更多的渔船去大海里捕捞。总而

20世纪70年代，金万昆选择仔鱼

言之，鱼是越捕越稀少。

杨扶青的话，让年轻的金万昆感到了前所未有的信任、责任和压力。渔民出身的金万昆很实在，自己没干过的事，哪能上嘴唇一碰下嘴唇，就随随便便应承下来呢？然而，他又深知渔业发展所面临的困境。

金万昆看着杨扶青满怀期待的眼神，咬了咬牙，横下一条心，坚定地说："领导，那我就搞育种，请您放心，虽然我现在还不会，但我学学，试试看嘛！"

金万昆回忆说："从那以后，我知道了种质的重要性，这几十年我没有离开过种质研究……只有把种质搞好了，我国的水产事业发展才有后劲。我觉得人的一生，不管做什么，索取跟付出不是可比的。并且从做人的角度来讲，应该是国家之事，匹夫有责。我国的水产养殖面临种质和品种多样性这两大问题。我认为首先种质要具有优势。什么是优势？生长快算个优势，但不全面，应该是营养型的、抗病力强的、对人类膳食营养等方面有益的。"

金万昆面对水产育种这个新的课题，深深感到了自己知识的不足。他自费订购了十几种与养鱼和育种有关的报纸、杂志，开始了刻苦的自学。当听说有一套20多本的水产育种书籍已经出版时，他当即买回一套，如饥似渴地读了起来。《水生生物学》《鱼病学》《鱼类养殖学》《淡水鱼》《家鱼人工孵化的研究》等书，把金万昆引进了科学知识宝库的大门。

杨扶青曾对金万昆提起过，国内的鱼类种群将来是个大问题，当时金万昆还不太明白领导的意思。当他一脚踏进了水产育种这一行，他才明白杨扶青的眼光是长远的。事实已经摆在了那里，随着我国人口的不断增长，单纯依靠野生捕捞是不可能满足日益庞大的市场需求的。没有人工繁育孵化，就永远不能实现人民群众的"吃鱼自由"。而水产养殖的前提是选育优良的水产品种，这不仅可以创造经济价值，而且可以创造更大的社会价值。

想到这些，金万昆激动得不能自已。于是，每天干完村里和渔场的活，他便往家里头一钻，点上灯，埋头读起书来。但身兼数职的金万昆日常的工作和生产任务是十分繁重的。这一年，上级倡导要"积极迎战更大的秋汛"。做事认真的金万昆按照上级的指示，抓紧开展渔业生产任务。

在秋汛大捕捞中，金万昆组织换新的淡水捕捞队伍，在蓟运河和100多平方公里的七里海上展开了捕捞作业。金万昆抓住了鱼、蟹从北向南洄游的规律，根据气象和水流情况进行观察，发现鱼、蟹群及时组织力量捕捞，提前完成了9至11月份的生产计划和供应城市的任务。

20世纪70年代的金万昆

进入9月，换新捕捞队的队员们开展了以革新捕捞方法为主题的竞赛，改进了捕捞方法和工具，大大提高了生产量。内河捕捞组的成员们创造了一船多网具同时作业的先进捕捞方法，做到了"有鱼捕鱼，有虾捕虾，螃蟹不放，大小齐拿"，取得了综合产量增加30%以上的好成绩。

繁忙工作的同时，金万昆抓紧自学。《淡水养鱼》《鱼病防治》等书籍，那都是两寸多厚的大部头，他借助字典啃了一遍又一遍，记下了16万字的自学笔记。那本新华字典都被金万昆翻得起毛边了。

陈景润说，攀登科学高峰，就像登山运动员攀登珠穆朗玛峰一样，要克服无数艰难险阻，懦夫和懒汉是不可能享受到胜利的喜悦的。这一年，不到30岁的金万昆抖擞精神，向着水产育种这个属于他自己的"珠穆朗玛峰"发起了冲锋！

02 /

一切服从大局

> "从今天开始，咱们成立搬迁新建换新水产良种场指挥部，我任指挥，你们几位支部委员任副指挥。群众会后，挑选精兵强将在芦台镇铁道南的那块荒地上搭棚建灶，向这块土地要咱们吃的、穿的、使的、用的。"

漏船偏遇顶头风。正当金万昆准备大干一场时，"文化大革命"使他的养鱼事业和育种研究陷入了困顿，他被迫中止了淡水鱼的育种研究。但渔业选种育苗是一项持续性的工作，因为种鱼的优越性是在长期不间断的选育过程中体现出来的。金万昆最为痛心的是这几年自己精心筛选出的种鱼没人照料，最困难的那会儿，他甚至想，即使把他这条命搭上了，也要让种鱼完好地存活下来。

换新渔场在复杂的时局中艰难前行，于1972年更名为"天津市宁河县换新水产良种场"。金万昆回忆说："我凑了点钱，买下了28尾白鲢鱼，虽然我那阵'戴帽子'了，但我觉着不能总这样吧，我总还有出头之日的。没别的，我就相信共产党，绝对不这样。"时光荏苒，冬去春来。13年的劳动改造，不仅没有磨灭金万昆对水产事业的热忱，反而更加激励起他的斗志。

1978年5月，金万昆平反的第二天，他就复任了换新村党支部书记，这一年他已经46岁了。他复任后的第一件事，就是了解换新村这十几年来的基本情况。他问换新村村委会的会计："咱村还剩多少钱?"会计说："咱们现在账上还有1角6分钱，另外咱还有2万多元人家追着屁股要的外债。"

金万昆惊呆了。这个数字对仅有200多人的换新村来说是一份能压得人喘不过气来的负担。进一步了解后，金万昆脑子嗡嗡作响。换新村的群众赖以生存的十几条渔船，6条缺帮少底，其余的无人问津，都在水里泡了好几年了。会计说，这些破烂不堪的渔船是换新村目前唯一的集体财产。

面对败落的境况，金万昆的眼睛湿润了。他也曾有过一丝丝的彷徨，但马上这种消极的情绪就被金万昆自己一扫而光。"上级党组织交给我换新党支部书记的这副担子，干啥，不就是叫我领着大伙干，吃上饱饭，过上好日子吗? 没有困难要你金万昆来干啥?"他给自己加油鼓劲儿。

面对这种现实，一切必须从头开始，但金万昆和换新村的群众并没有因此而灰心。在上级党组织"治穷致富"的号召下，换新村重操旧业，根据村里的现状，确定了养殖和捕捞相结合，大步向养殖业发展的村庄计划。金万昆因陋就简，带领大家发展养鱼，孵化鱼苗，当年就获利3万多元，第二年全村又以人均收入400多元的显赫战绩称冠全县。

当然，这是后话了，我们先按下不表，让我们把镜头再次拉回到1978年下半年。

这天上午，县委牛副书记来找金万昆。他是个实干派，说话从不绕弯子，开门见山地对金万昆说："万昆啊，县委研究决定，地震以后芦台镇重新规划，水产良种场这儿的鱼池在规划的居民区内，你们得搬家啦。"

金万昆听到"搬家"这两个字，不禁一怔，换新人经营20年的地方要是变成居民区，渔场不就没了吗？我们换新村的人可咋活？金万昆皱起眉头。

牛副书记看出了金万昆的心思，拍了一下金万昆的肩膀，笑着对他说："万昆，你的心事我知道，你怕没了渔场断了换新村老百姓的生命线，是这个意思吧？"

金万昆冲着牛副书记苦笑了一下，没有作声。

牛副书记继续说："万昆，你觉得县里能那么做吗？换新也是咱宁河县的一部分，绝不会无偿占用你们的土地。县里准备给你们调换一块地，在铁道南那边，你看呢？"

"牛书记，搬迁渔场损失太大了，重建一个新渔场更是不容易啊，但我金万昆绝对承担县里的工作任务，不过……"金万昆说到这里把话停了下来，面露难色，又接着说道，"我们换新的实际情况也要和您汇报一下。您也知道我刚复任没几天，村里账面上还欠人家2万块钱，您说我哪有钱开挖鱼池啊？"

"这个问题县委也替你考虑了，你不提出来，我也要向你交代。铁道南那块地上挖鱼池的土，县里花钱买过来，你用这笔卖土的钱搞你们渔场的设施，这样总可以吧？还有，现在的鱼池也不白占，给你们村一部分钱，包赔你们搬迁渔场的损失。"牛副书记一口气道出了县委解决换新水产良种场搬迁问题的安排。

"那太好了，县领导想得很周到，我坚决服从县委的安排。"金万昆表态。

当天下午，换新村党支部办公室里空气沉闷，显然是在讨论某个问题时出现了分歧。金万昆坐在桌子的一角沉思。

秋日的阳光从玻璃窗照射到屋里面，洒在身上让人觉得暖融融的。金万昆冲着大家笑了笑，又开始说话了："为搬迁咱渔场的事，上级和我谈了好几次话。说句掏心窝子的话，我金万昆思想再进步，境界再高，愿意把渔场搬走吗？别说搬迁一个大渔场，就是搬个破家还一搬三年穷呢。但这是大局，咱们要服从大局！"

"金书记，您站得高，看得远，我们心里不是不明白。只是咱们村自从你走以后就一天不如一天，成了全县的老大难。现在又要搬迁渔场，村集体没有一分钱，一下子办这么大的事，太难了！"有人开诚布公地说出自己的看法。

停了片刻，金万昆说道："咱们都是共产党员，不管大小都是村里的干部。下级服从上级是党的原则，咱们就得和上级保持一致，不能违背这个原则。况且啊，看问题不能光看困难的一面，到铁道南那边开辟新渔场也有它的优越性。我去实地看过了，那个地方安静，空气新鲜，地方也大，有了条件还可以继续扩建，比咱们现在的渔场有发展前途。同志们，干事就得有股闯劲儿，咬咬牙就能挺过来，咱们要一切服从大局。"

金万昆环视了一圈在座的各位村干部，又接着补充道："换新老百姓今后活得好坏，就在咱们几个身上了。我建议今天晚上就召开全村的群众会，把县委叫咱们搬迁渔场的精神原原本本地向群众传达，叫大伙儿明白明白。从现在开始，咱们成立搬迁新建换新水产良种场指挥部，我任指挥，你们几位支部委员任副指挥。群众会后，挑选精兵强将在铁道南的那块荒地上搭棚建灶，向这块土地要咱们吃的、穿的、使的、用的。"

换新村党支部统一了意见。晚上的群众会，金万昆又是一番分析。在全村人统一了思想之后，一场换新水产良种场的"搬家大会战"开始了。

在新场址的荒草地上出现了两排简陋得不能再简陋的工棚。金万昆的指挥部办公室就设在第一排工棚的第一间。这间办公室里有一张三条半腿的残桌，一个用木板简单拼成的床铺，一把破旧的椅子，还有一个破纸箱子，里面装着金万昆的生活用品。工棚外面的泥墙上用白石灰写着"艰苦奋斗，勤俭建国，勤俭办一切事业"，十几个大字格外醒目。

年近五十的金万昆依然精力充沛，目光炯炯的他总是在琢磨着事情。都说五十而知天命，可金万昆从来不信天命，他这四十多年的人生经验反复地告诫他，想成事就是一个字——干。

由于体力严重透支加上操心劳神，有一天，金万昆在工地上劳动的时候，突然喉头一热，一口鲜血喷在地上，随即晕倒在地。正当大家手忙脚乱要送他去医院时，金万昆自己慢慢地苏醒过来，坚持留在了工地。严重时，他在工地上走一趟都要吐几口血，换新村的村民们都是含着眼泪跟着村书记干。

金万昆回忆说："1978年之后，弄换新村新的渔场，我们当时开了个会，谁都不乐意弄。我这人实心眼，我说我弄。没有资金，怎么建呢，就是挖坑里的土，往街里（芦台）运，县里给点钱，给挖土的工人。当时那困难劲儿就甭说了，建这个新渔场的时候我开始发病，吐血。走这一趟啊，吐几次啊。"

当时，金万昆觉得自己时间不多了，就想抓紧一切时间，把新渔场建起来，把第一批鱼苗孵化出来。终于，功夫不负有心人，新的渔场最初的几个池塘建起来了。1979年4月，金万昆的身体已经很虚弱了，但他极力不让家人和换新村的村民们知道。他总说自己姓"金"，是个铁疙瘩，没嘛事，摔摔打打的挺正常。

孵化鱼苗的准备工作已经就绪。金万昆这个领头人是既当将军又打头阵，每天忙着为亲鱼做药剂催产的工作。白天，他就在产卵池旁观察动静。晚上，他就坐在孵化池旁边观察受精卵破膜成鱼的过程。整整几个月的孵化期，他没有睡过一个安稳觉。

终于，鱼苗孵化圆满完成，换新水产良种场的全体职工都沸腾了，人们兴高采烈地奔向金万昆的办公室，向他报告这个好消息。当推开办公室门的时候，大家伙儿都惊呆了，只见金万昆躺在床上不省人事，脸色蜡黄，额头上布满汗水，嘴角边的鲜血浸红了枕巾。

金万昆回忆说："当时就是累的，太累了。我吐得特别厉害，职工们就把我弄天津医院去了，待了两个多月。他们说我是结核病，就安排我好好养病，我就寻思着这回可能是要完了。"

职工们把金万昆送到医院后，医生给他下了病危通知单。换新水产良种场业务主管晏凤鸣不忍心让老场长家里雪上加霜，就偷偷把病危通知单给改了。

晏凤鸣回忆当时的情景说："老金全家住的那个屋子我们去过，小窗户透风，大冬天的也没有个炉子，就指着烧那锅让炕热乎热乎，屋里除了炕什么都没有。当时老金的病非常严重，已经下病危通知单了。那种情况下，不能再给他家增加负担了。"

经过两个多月的住院治疗，金万昆的病渐渐好起来了，他又重新投入工作中。

金万昆说："你当干部就是一个带班的，你这个班怎么带？首先是要吃苦在先。大伙儿都去吃饭了，我再琢磨点儿工作，再干点儿事情，我有时间吃就吃，没时间吃那就拉倒。我就是一个字，那就是干，还能有啥诀窍，还能有啥能耐呀。"

转眼到了1980年4月，在换新水产良种场新的场址上，二百多亩鱼池整整齐齐地出现在沉睡多年的土地上。新的场区还建了两排整齐的宿舍。这之后，完备的催产池、产卵池、孵化环道又相继建起，高高的水塔、增氧塔耸立在场区的公路两旁。

孵化鱼苗的季节来临了。这一年新建的渔场刚刚投入生产，就孵

1980年部分职工于换新场新址合影 二排左五为金万昆

化鱼苗 500 万尾。1984 年，鱼苗产量已达到 2000 万尾，换新村的人均收入达到 1400 元，历史上从来没有过的奇迹出现了。

金万昆笑了，换新村的老百姓笑了，大家伙儿看到了换新水产良种场的前途，看到了生活的希望。短短几年的时间，换新村从全县的"老大难"一跃成为全县农村的"老大哥"。

此刻，金万昆踌躇满志。他结合现在的硬件设备情况，以及人才储备和工作熟练度，制定了下一个生产年度的生产计划：1985 年的鱼苗孵化产量达到 4000 万尾，给群众带来更多收入。

03 /

换新人的"二次爬坡"

> "我提议，从今天起，咱们开始全场总动员，修池塘、整环道，勒紧裤腰带，打一场换新水产良种场二次爬坡的翻身仗，完成今年的生产任务，大家有没有这个信心？"金万昆像个司令官一样，以激昂的声调做着战前动员。

1985年春节前，金万昆为完成上级领导交给的世界粮食计划署投资建设新渔场的任务，离开换新水产良种场整整两年。

换新水产良种场对金万昆而言，就如同他的孩子一般，而孩子的成长离不开他这位父亲。然而，在面临个人情感还是集体利益这一重大抉择时，金万昆没有丝毫犹豫，义无反顾地遵照县委领导的指示，投身新渔场的支援建设。这无疑是一切服从大局的党性原则在金万昆身上的再一次诠释。

在建设新渔场的两年里，金万昆扎扎实实、勤勤恳恳，将自己所学的水产技术倾囊相授，出色地完成了上级布置的建设任务。

　　这两年的时间里，金万昆一直牵挂着换新水产良种场，但新渔场紧张的筹建工作，让他无暇分心，只能无奈地暂时放弃了自己的"孩子"。归心似箭的金万昆一完成工作任务，就立即返回芦台。他连家门都没进，急匆匆赶到了睽违两年的换新水产良种场。

　　进场一看，金万昆惊呆了——整个良种场面目全非。先看硬件方面，场里杂草遍地，四处都是破败不堪的景象，鱼池周边也没有收拾；再看软件方面，但凡是年轻力壮的小伙子、有点技术的老职工，纷纷另谋高就，全场只剩下换新村本村的17个"老人"。

　　焦裕禄曾说："干部不领，水牛掉井。"这句话放到金万昆这里也十分贴切。金万昆是换新水产良种场的主心骨，他的暂离无疑给良种场造成技术层面、管理层面和未来发展层面的多重影响。

　　见到此情此景，金万昆也没什么心情回家过年了。往年春节，都是妻子马长兰一手置办年货、张罗年夜饭，今年依旧如此。她早就习惯了金万昆的脾气秉性，也从不指望这个多年的"甩手掌柜"能给家里分担家务。大年三十这一天，趁着放假场里比较安静，金万昆来到没有取暖设备的办公室，开始独自起草下一年度的生产计划。这个计划他整整写了两天，他得看现有的设备是否能够正常运转，确认种鱼的数量和健康状态。一番耐心细致的查看后，金万昆心里一沉，他发现情况不容乐观。

　　正月初二，在换新水产良种场的办公室里召开了全体职工大会。55岁的金万昆坐在办公桌旁，桌上放着一个笔记本和一支铅笔。他抬起头环视四周清点了一下人数，确定一个不差后开口说道："大家过年好，我在这里给各位拜年啦！"说着他从椅子上站起来，行了个拱手礼。大家纷纷鼓起掌来，但笑得都有些勉强。

"按照咱们的习俗，吃完破五的饺子才开工干活。今天叫大家到场里开会，有点违背常情。我也想让大家多休息几天，可是不行啊，老少爷们儿们，咱们的时间不允许呀。我因为上级的指派外出两年，回到咱场里看见这种破败的场面，我的心在滴血，很不是滋味。我翻了翻咱的花名册，很多人都走了，你们能坚守岗位，维持着这个烂摊子，我是真心感谢大家。"

金万昆看着在场的人，大家个个低着头，没有一丝响动。

"大家伙儿咋像霜打的茄子？都抬起头来！毛主席他老人家说过，人是要有一点精神的。这两年我有个雷打不动的习惯，就是每天都听电匣子（收音机），知道咱党的政策，咱国家的经济发展是越来越好了。这可是咱们的机遇呀！咱大家伙儿从现在开始得重新振作起来，靠着咱们换新人的这股子精气神，打个漂亮的翻身仗！"

说着，金万昆从桌上拿起自己的笔记本，翻到前几天写的一段。他继续说："同志们，这个词儿我已经在心里琢磨两天了，就叫咱们换新水产良种场的'二次爬坡'！"

大家听到金万昆鼓舞人心的话语，都纷纷抬起了头，注视着老场长，竖起耳朵、屏住呼吸，准备仔细听听这个"二次爬坡"的含意。

"先治坡后治窝，先生产后生活，勒紧裤腰带，重振大渔场。这就是我回来后思考了两天的二次爬坡计划。今年咱们换新水产良种场的鱼苗孵化任务量，要达到4亿尾！"

金万昆说到"4亿尾"三个字时，声音果断决绝、斩钉截铁。

沉寂的办公室，仿佛滚烫的油锅里突然滴进几滴凉水，顿时油水四溅、噼里啪啦地炸了锅，人们热烈地议论起来，语气中有兴奋，也有质疑。

金万昆预料到了这种情景，他从裤子口袋里摸出一支烟，点燃后，缓缓坐回自己的座位。过了半支烟的工夫，他示意大家各抒己见。

"场长，我说几句。"说话的是一位老职工，"您老是我们换新的主心骨、定盘星，您回来我们特别高兴，但是咱们共产党人都讲究实事求是，您说的话我怎么咋听咋不对路呢？"

金万昆没有打断这位职工的话，示意他说下去。

"咱场的实际情况摆在那里，大家伙儿也都知道。咱们的亲鱼没多少了，孵化4亿尾鱼苗的亲鱼到哪去找？两年前您在的时候，每年鱼苗的产量都比上一年有增长，最多的时候孵化了4000万尾，但您不在的这两年，技术人员走了不少，产量骤然下降。您这刚一回来就提出今年的生产目标是4亿尾，一下子增长到10倍。10倍啊，我的场长，这是闹着玩的吗？"渔民出身的大家伙儿都是直筒子脾气，向来有啥说啥。

金万昆听了这一番话后并不着急，反倒乐呵呵地说："好，你的看法很实际，也很实在。大家还有啥看法，统统说出来，群策群力嘛。"

大家又议论了一会儿，没有人提出新的问题和看法，疑虑都围绕着亲鱼和生产目标这两个最核心的问题。简而言之，大家认为这么高的生产目标无法完成。

于是，金万昆把自己早就思谋好的具体想法告诉了大家：

"生产计划写得再宏伟，口号喊得再响亮，也需要有实现的途径，要不就成吹大梨了。关于亲鱼，我这几天已经做了安排，天津、河北两地的渔场都有我过去的朋友，他们支援咱们一部分亲鱼，这个问题完全可以解决。孵化4亿尾鱼苗，关键在于我们的技术积累和生产流程，还在于我们敢不敢想、敢不敢干，有没有积极向上的精神。科学方法和精气神，对我们目前的处境来说都非常重要。"

金万昆有这个把握。生产流程已经在他心里反复演练了很多遍，得益于他多年实践经验的积累，技术方面也没问题。接下来，需要全场的17位员工通力协作，把每个流程精细化，把每个人的作用发挥到最大。

"我提议，从今天起，咱们开始全场总动员，修地坡、整环道，勒紧裤腰带，打一场换新水产良种场二次爬坡的翻身仗，完成今年的生产任务，大家有没有这个信心？"金万昆像个司令官一样，以激昂的声调做着战前动员。

"有信心！"大家异口同声地回答。

"好！现在我再向大家说另一个事情，这也是我从电匣子里听到的。咱们今年搞个新的分配政策，承包责任制。如果完成4亿尾鱼苗的孵化任务，大家可以多拿奖金。会后我找几个人研究一个具体的实施方案，咱们白纸黑字，说到做到！"

"好！"有人喊了一声，"您咋说，我们就咋办，豁出去了！"

"我们鼓足干劲儿，跟着您大干一场！"

时间犹如催征鼓。1987年大年初二，换新水产良种场的二次爬坡正式拉开了序幕。

客观地说，金万昆提出的4亿尾鱼苗孵化任务，并不是一时冲动或随意夸口，而是基于对实际情况的深入分析制定的合理目标。首先，金万昆重视亲鱼的饲养。亲鱼是指发育到性成熟阶段、有繁殖能力的雄鱼和雌鱼，而优质的亲鱼是孵化出优质鱼苗的先决条件。其次，他在换新水产良种场推行渔业生产责任制，实行专业承包、联产计酬的制度，并且有一套严格的管理办法。最重要的是金万昆坚持学习渔业技术，做到了"精养高产"。他抓住有利时机，赶在鱼苗孵化季前，对现有池塘进行改造，使之池深埂宽、能排能灌，既有利于蓄水抗旱，又改善了养鱼条件，让池塘的效益真正得到提升。

实践证明，金万昆为换新水产良种场确立的发展路径，不仅给换新村带来了可观的收入，也为宁河县的致富示范了一条可行、可借鉴的光明之路。

04 /

靠实事求是吃饭

> 金万昆回忆说："孵化开始后，每天都是24个小时连轴转，两三个月的孵化期根本不离池子，每天最多也就睡3个小时的觉，还不是一次就能睡3个小时，是随叫随到的3个小时。"

1987年，春意盎然，万物复苏，环抱着换新水产良种场的垂杨柳吐绿飘絮，几十个灌满水的鱼池清波荡漾，浮光耀金，一派生机。金万昆在这个春天带领着换新水产良种场全部的17名职工，向着今年既定的生产目标——孵化鱼苗4亿尾进军。

这一年，金万昆已经55岁了，年过半百。五十而知天命，但金万昆似乎永远不相信命运的安排。共产党员讲究实事求是，1942年2月8日，毛泽东在延安干部会上发表了著名讲演《反对党八股》，揭露和批评党八股"装腔作势吓人"的不良现象，指出共产党"靠实事求是吃饭"。

对金万昆而言，设定孵化4亿尾鱼苗这个目标，正是"靠实事求是吃饭"。

这几个月来，作为换新水产良种场场长的金万昆，事无巨细，都亲力亲为。正所谓工欲善其事，必先利其器。为了随时掌握气温变化，金万昆自己掏钱给办公室添置了一台无线天气预报器。宁河县气象台每天4次定点播发天气预报，同时播报未来十几天的天气情况。要知道，鱼苗孵化与气温、水温有着直接关系。

从安排渔场人员、准备孵化工具，到设计亲鱼的运输路径、准备催产药物，金万昆都做了周密的部署，就等气温、水温等客观条件达到孵化的要求。

金万昆不止一次说过，鱼苗孵化就是打仗，渔场就是战场。这次孵化4亿尾鱼苗更是一场硬仗。55岁的金万昆就像一个老将军一样坐镇中枢，指挥全局。他整天思谋、筹划，等待天时、地利、人和的最佳时机，以开展这项事关换新水产良种场未来发展的工作。

他知道这场仗对于换新水产良种场来说，是一场非打不可、非赢不可，但又非常艰苦的战斗！

终于，时机到了！4月15日，天气预报器里传来后半月的天气以晴为主、平均气温可达到20℃的好消息。

金万昆听完天气预报，倏地站起来，拍手称快："天时地利人和都齐了！20号开始孵化鱼苗。"

金万昆回忆说："孵化开始后，每天都是24个小时连轴转，两三个月的孵化期根本不离池子，每天最多也就睡3个小时的觉，还不是一次就能睡3个小时，是随叫随到的3个小时。"

4月20日这天，金万昆起得特别早。草草吃过早饭，他走出宿舍，看见良种场的17个人一个不少地站在催产池旁等候分配。金万昆满意地点点头，走到职工面前，把人员分工又重复一遍。话音刚落，大家伙儿便迅速行动起来，各就各位。

和煦的阳光洒在换新水产良种场的鱼池上，照在金万昆的身上，暖烘烘的。

孵化池旁摆了个长条桌，配好的催产药剂整整齐齐放在桌上，上面盖着经高温消毒的白毛巾。只见金万昆穿着水衩，手拿注射器，给人们从鱼池里捞上来的亲鱼注射催产药，认真细致、一丝不苟。为一批亲鱼做完药剂催产后，他就脱去水衩，蹲在产卵池旁，观察亲鱼的动静。白天，他吃完饭，把嘴一抹，连宿舍都不回，直奔孵化池。晚上，繁星满天，他坐在环道旁观察受精卵破膜成鱼的过程。

开弓没有回头箭。从这天开始，金万昆就睡不了安稳觉了，鱼苗孵化工作时时刻刻牵动着他的心，他一直放心不下，生怕出一点闪失，因此不分昼夜地守候在渔场的孵化池、催产池旁。

他是指挥员，又是战斗员。吃饭的时间到了，他叫职工们先去吃，轮到他吃饭了，他三下五除二狼吞虎咽地吃上几口就回来。夜里实在困得不行，他就披件衣服靠在孵化池旁打盹。就这样整整坚持了两个半月，鱼苗孵化工作顺利进入尾声。

谁承想，金万昆的肺病复发了。鱼苗孵化后期，他不动声色地咬牙顶着，孵化即将结束时，他的身体实在支撑不住，病倒了。

职工们听到消息，一窝蜂拥到金万昆床前，劝他马上去医院，他却摇摇头说："不用去医院，吃点药就行。今年是咱们场爬坡的一年，鱼苗孵化工作至关重要，无论如何，咱的指标也要达到，为明年的发展打基础。"

金万昆喘了一口气，继续说："大家放心，等鱼苗孵化顺利结束，我一定去住院。"

金万昆清楚，在这个关键时期自己是万万不能离开的。因为无论是技术层面还是生产流程层面，他都是这场硬仗的重中之重。在场职工们也深知这一点。

金万昆咬着牙，挺着腰杆坚持了下来。等到孵化季结束，喜讯传来了。经过统计，鱼苗孵化数量达到4亿尾，而且还在4亿尾这个大关上多添了点零头。换新人今年的理想实现了！

负责统计工作的会计小杨兴冲冲地将这个消息告诉了金万昆。金万昆甭提多高兴了，病好像去了一大半。

"金场长，您这回该住院了吧。"会计小杨关切地说。

"行，明天我收拾收拾，到医院检查检查，有问题就住两天，没问题就回来。"金万昆停了一会，好像想起什么事似的，问会计小杨，"今儿个是七月几号了，是八号吧？"

"对，一点不差，七月八号。"会计小杨随口说出。

"喔，那咱们整整干了80天哪。靠实事求是吃饭，咱们换新人终于成功了！"金万昆的眼眶有些湿润。

05 /

奉献20万元奖金

追求物质财富，希望生活宽裕，是人之常情。何况，按照事前约定的分配方案拿自己应得的奖金，这能有什么呢？这本就是天经地义的事情呀！但金万昆却没有这么做。会计小杨手里捧着的不是金万昆应得的奖金，而是金万昆金子般纯洁的一颗心，是金万昆对集体事业的无限忠诚！

天津市人大常委会原副主任石坚同志，在一篇回忆文章中写到："在众多的宁河县的朋友中，我特别赞赏宁河换新村的金万昆同志。他坚持养鱼几十年，创造了先进的养鱼技术。我曾介绍他和李瑞环市长长谈。李瑞环同志认为，他和许多养鱼技术人员接触，没有一个人谈出像金万昆那样的独到见解。尤其令我钦佩的是老金的风格十分高尚。他坚持培育鱼种，以低价供给养鱼户，而不片面追求本人、本单位的经济利益。在他身上，仍然保持着党的光荣传统，保持着（20世纪）五六十年代老劳模的好品德。"

就在几年前，一个全部家当只剩1角6分钱，外加2万多元外债的穷村，一举成为人均收入1400元的富裕村。这个村有一位精通养鱼的党支部书记，他贯彻党的富民政策，又教给了人们"点金术"。记得当时正值天津市水产学会的年会举行期间，一批水产专家和学者来到一处渔场参观考察。池边有几条麦穗鱼正在悠悠地游动。如果是视力不佳的人，估计都看不到这些麦穗鱼。

一个声音不经意地介绍着："这是一条雄鱼。"那人又指着那边的一条说："那是条雌鱼。"

在场的人一下子都愣住了。

"捞起来的鱼分辨雌雄都不容易，麦穗鱼个头本来就不大，又在水里，你竟然能分辨出雌雄？"不相信的人立即找来抄网，按照那人的指点，一条条捞上岸来，当场确认检查。真是神奇了，和他说的一丝不差。

惊讶的人们纷纷围了过来："快说说，你是怎么分辨鱼苗雌雄的？"

"嗐，这能有啥诀窍。打个比方说吧，一对长得非常像的双胞胎，粗心的父亲有时也分不出谁大谁小来，可是细心的妈妈只要看一眼，或凭一声啼哭，就能分得清清楚楚。任何东西只要长期观察它、接触它，就能认识它、了解它。"

"喔，原来是勤能补拙！"一个人说道。

"你说的这是个嘛成语呀，人家老爷子这叫熟能生巧！"另一个补充道。

这个老爷子就是天津市宁河县芦台镇换新村党支部书记、换新水产良种场场长金万昆。

有个词叫经年累月。为了养好鱼，金万昆对每个鱼池的水源、水质，池内有多少鱼，全年刮了多少次大风，有多少个阴天，有多少次降雨，都有详细的记录。为了探索鱼群在不同条件下的生活规律，他经常在池边一待就是几个小时，有时连饭也忘记了吃。有的人说他看鱼简直是看得入了魔，而他却因此获得了丰富的池塘经验，后来成为河北省水产学会会员、天津市水产学会会员，还被聘为河北省农学院的特约研究员。

所谓苦乐观，就是对待苦与乐的基本观点和态度。中国共产党一直倡导共产党人要树立正确的苦乐观，党章明确要求共产党员"吃苦在前，享受在后"。提到金万昆的苦乐观，我们还是从他几年间奉献自己的20万元奖金说起吧。何妨，我们把镜头拉回到1987年，换新水产良种场成功孵化4亿尾鱼苗的那一年。

为了适应当时的经济发展形势，推动淡水养殖业的发展，金万昆对换新水产良种场实行了技术承包的制度。

早在半个月前，会计小杨已经按照新制度里的奖金分配方案，把其他职工应得的奖金足额发放了。大家喜笑颜开地领了奖金，干劲儿更足了。

可会计小杨却有点纳闷，金场长总是催着自己算账点钱，赶紧给场职工们分发奖金。金场长说了多少次了，"小杨子，今年咱们的员工不容易，为了完成目标吃了大苦、受了大累。你这个会计要抓紧把咱卖鱼苗的钱拢到一起，按照分配方案抓紧发奖金。大家手里有了钱，也能松快几天。"

然而，金场长却只字不提他自己奖金的事。

即便如此，会计小杨依然按照奖金分配方案，抓紧计算金场长应得的奖金。要说"吃了大苦、受了大累"，排第一个的肯定是金万昆场长。

按照承包合同规定，技术承包奖按照当年渔场纯收入的10%分配。由于金万昆这个技术大拿指导得当，当年良种场的集体账户上就入账30多万元，所以按照规定，金万昆当年应得的奖金是3万多元。

据统计，1985年全国职工平均货币工资为1148元，平均月工资96元。当时的上班族中，工人绝对是最风光的职业，尤其是石油工人和煤矿工人，月工资一二百元的都有。再对比一下购买力，当时的猪肉价格大概是1.5元一斤。

所以，3万元在当时是一笔巨款。要知道，在20世纪80年代，哪个村要是出了一个"万元户"，都是一件值得骄傲的事。

这天，会计小杨把金万昆应得的3万多元奖金摆在了场长办公桌上。金万昆笑着瞅了瞅用报纸裹着的钱，又用手摸了摸，风趣地对会计说："小杨，这钱全是我的？可真不少啊，我活了大半辈子都没赚过这么多的钱！"

"金场长，按照承包方案，这3万多元就是您的劳动所得。"会计小杨高兴地对金万昆说。

"小杨，你先听听我的想法。这些钱的用途我早就琢磨好了。我想用在咱们场明年的扩大再生产上，增加孵化池，提高生产能力。"

金万昆顿了顿，继续说："至于我个人，一分钱也不要。今年是咱们换新二次爬坡的关键一年，虽然小有成绩，可明年咱们还要继续努力。这些钱不是个小数目，小杨，你收起来，全部记在咱们的集体账上吧。"

追求物质财富，希望生活宽裕，是人之常情。何况，按照事前

一辈子做好一件事——"鱼爷爷"金万昆纪事

约定的分配方案拿自己应得的奖金，这能有什么呢？这本就是天经地义的事情呀！但金万昆却没有这么做。会计小杨手里捧着的不是金万昆应得的奖金，而是金万昆金子般纯洁的一颗心，是金万昆对集体事业的无限忠诚！

几天后，换新水产良种场的一次全体职工大会上，当大家得知场长金万昆没有领取本应属于他的奖金时，心中不禁涌起一阵感动。回想起他为了鱼苗的孵化工作不辞辛劳，甚至累得大病一场，在场的职工都深受触动，眼中泛起了泪光。而金万昆自己却说："这个奖金，是大伙儿捧着我，我才得的，不是我自己个儿弄的，我自个儿可以弄这老些事吗？就是我出个主意，出个技术，我带个头，大家伙儿不会弄的我告诉大家伙儿，也就这样。这些成绩和效益不是我自己一个人干出来的，这些钱都是我的行吗？"

换新村和换新水产良种场已经旧貌换新颜，村民们富裕了，集体账户上也有钱了。作为"排头雁"的金万昆没有松气，而是带领村民们继续发展养殖业，兴办村集体企业。

又过了几年，在他的技术指导和精心管理下，渔场的收入逐年提高，近两年鱼苗生产都在4亿尾以上，每年的收入都达70多万元。当会计每次向他提到技术承包奖时，他总是说："我搞技术承包是为了发展渔业生产，促使我在技术管理上有所提高，要是为了钱我就不承包了。"就这样，几年来，村集体的账上记载着他奉献的技术承包资金就达20多万元。

金万昆回忆说："不能啥钱都要集体花，集体的钱不也是大伙辛勤劳动得来的吗？我作为一名基层干部就要带头来维护集体利益。"这就是渔民金万昆的心声。

06 /

建立渔业技术学校

1981年7月，换新渔业技术学校在培养本村专业人员的同时，决定向社会招生。一则醒目的招生简章贴在换新村委会的大门口：不论年龄，不分男女，均可报名；不收取任何学杂费；不能面授的，本校可免费邮寄函授资料。

自1978年金万昆复任换新村党支部书记和换新水产良种场场长以来，他一直兢兢业业，一心扑在村民致富和水产育种上。1981年是金万昆恢复工作后的第三个年头。三年来，金万昆全力发展换新村的渔业生产。他想方设法改善换新村群众的物质生活，短短三年就使换新村的经济发展水平焕然一新。与此同时，金万昆没有忘记杨扶青老部长的嘱托，投身远缘杂交育种工作，取得了丰硕的成果。

1980年，金万昆受到花鲢和白鲢杂交的启发，决心培育食性广泛的新良种。当年7月，他开始在花鲢鱼和武昌鱼之间、草鱼和白鲢鱼之间、草鱼和青鱼之间、花鲢鱼和青鱼之间进行人工杂交。杂交试验成功后，陆续孵化出4种新仔鱼，总计近20万尾。

试验表明，花鲢鱼和武昌鱼之间、草鱼和白鲢鱼之间杂交所孵出的新仔鱼，优势十分显著，兼具母本和父本的长处，食性广泛，还吃人工鱼饵。这批仔鱼的生长速度比亲本快得多，仅两个多月的时间，就已三四寸长，新老客户们纷纷提出购买要求。

农业现代化，种子是基础。渔业要发展，渔业良种则是关键。金万昆知道，要把握渔业良种这一关键要素，核心在于不断提升育种技术。但他从这些年的实践工作中发现一个十分突出的问题，那就是养鱼技术人才严重匮乏。

咋办呢？经过一段时间的思考和调研，金万昆有了初步的想法。但他不搞一言堂，村里有啥事是村班子一起商量，换新水产良种场有啥事是全体职工一起商量。这是金万昆这个党员的工作原则。

这天，在换新村党支部办公室，支部扩大会议持续进行着。

金万昆把自己的想法和支部的几位同事讲了出来："刚才我已经把咱场缺少技术人员的情况说了，不说大家其实也清楚。据我了解，其他各地水产养殖场也存在同样的情况。这是个相当严重的问题。"

他继续说："同志们，干嘛就得吆喝嘛。作为渔业养殖工作者，我们就是要时时刻刻地吆喝渔业和养殖工作，不吆喝，就是我们这些人的失职。"

有人听得津津有味，打趣地说道："我的金书记，您就说咱换新下一步吆喝嘛吧！"

金万昆笑着对大家说："我先说明，我不是唱高调。人嘛，总要有一颗既考虑自己也要考虑别人的心。我们不仅要看见我们换新，还要看到各地的其他渔场。"见火候差不多了，他继续说："我建议咱们换新村成立一所渔业技术学校，在培养本村技术人员的同时，也招收外地学员前来学习。"

"嗯，你还别说，这法儿不错。成立渔业技术学校，而且是村办的，在咱们宁河县还是第一份。"一名支委当即表态支持。

"金书记，您这个法儿确实不错。不过有好多问题您考虑到了没有：谁出钱建这个渔业技术学校？校址选在哪儿？谁当校长？谁任教员？"另一名支委把这个问题向前引申了一步，摆出了一连串的问题。

金万昆边听边点头，认为这名支委说得很实际、很具体，提的问题也有针对性。这些具体的问题他已经提早想好了解决办法，他接着说："同志们，咱们不是计划今年重新盖村委会的办公室吗？村委会确实太破旧了，应该新盖房子，我的意思是在建办公室的同时再盖四大间能容纳一百人上课的教室。我前几天算了一下，大概的投入咱们也能承受。至于校长和教员嘛……"金万昆说到这里停了一下，大手一挥说："校长、教员暂时由我金万昆一人兼任！"

在场所有人不由得一愣。怎么金书记还要亲自担任校长和教员？村里和场里的差事就够他忙活的了，再把办学校的担子压在身上，这身体能受得了?!

"教书可是个苦差事，备课上课什么的操心又劳神。再说村里的事这么多，您是咱们换新村的主心骨，啥事都要找您，还有时间教学吗？"有人以关切的口吻说。

金万昆听得心里热乎乎的，但他坚持自己的意见："同志们，你们说的很有道理，这些我都想过了。但你们也知道我的脾气秉性，我总想着人得有追求，既然党让我们出来工作，我们就要力所能及地担点责任。我是鱼花子出身，就是通过学习文化知识，才知道了养鱼技术，

一辈子做好一件事——『鱼爷爷』金万昆纪事

懂了点致富方法，才能带领着咱们换新发展，可见知识是多么的重要啊！"

金万昆看了看大家，继续说："我总觉得干工作不管多累也是应该的。咱们的生活在党的领导下越过越好，多做点工作，我心里才平衡。我之所以主张成立渔业技术学校，就是想为党在水产养殖事业上培养点技术人才。放心吧，晚上备两三个小时的课，白天讲一节课，村里的事耽误不了。"

于是，1981年初夏，换新村委会大门外挂起一块十分醒目的牌匾——宁河县换新渔业技术学校。教室前方用水泥砂浆抹了一块大黑板，上面涂上了黑板漆，半圆形的讲桌摆在讲台的正中央。教室两侧写着黑体字的大标语，一条是"心系祖国水产事业"，一条是"决心学好养鱼技术。"

这是宁河县民间投资兴办的第一所渔业技术学校。万事俱备，1981年7月，换新渔业技术学校正式向社会招生。一则醒目的招生简章贴在换新村委会的大门口：不论年龄，不分男女，均可报名；不收取任何学杂费；不能面授的，本校可免费邮寄函授资料；外埠学员优先照顾；生活确有困难的学员，本校酌情给予资助。

前来报名的人络绎不绝，由于报名人数众多，只能先行登记，再按照先来后到的顺序安排班次，每期100人。

1981年10月底，换新渔业技术学校第一期课程正式开讲，只能容纳100人的教室座无虚席。

年届五十的金万昆在完成换新村和换新水产良种场的工作之外，校长、教员一肩挑。他的身子是劳累的，但看着台下一张张渴望知识的纯真面庞，心里却是激动的。

07 /

拒绝高薪聘请

> 金万昆说："为了个人而牺牲集体是万万不行的。我金万昆见马克思的前一天也不能离开换新，不能离开生我养我的这块土地和朝夕相处的父老乡亲。"

鱼儿每个细微的动作，对于"鱼痴"金万昆来说，都是一种无声的语言。你看，鱼儿集群活动，争相抢食，互相追逐，这是健康的表现；离群缓游，体色发黑，这是寄生菌病的特征，多半得了肠炎或烂鳃病，需要投药；如果传染了锚头蚤病，鳍部往往最先出现红肿，鱼以为有什么东西附在身上，会惊慌不定，烦躁不安，拼命急游，企图甩掉，这时该用漂白粉、敌百虫了；黎明前后，鱼跑到水面上吹气泡玩，不要以为这是它们顽皮，这是水里缺氧的表现，需要添水、换水；有时鱼儿表现得特别馋，半天的饵料两小时就抢吃一空，有时却又要小脾气，全体罢吃，这是变天的先兆，不是狂风将袭就是暴雨将至，需要提前做好准备……

谁说鱼儿不会说话？这就是鱼儿特殊的语言。金万昆是怎样弄懂这些语言的呢？无他，但手熟尔。无数个日日夜夜，他白天趴在池边观察鱼，一待就是大半天；夜间，他到池边去，脚步轻得连鱼儿也觉不出一丝动静……日复一日，年复一年，他守在鱼池边，观察再观察、琢磨又琢磨。为了带领集体企业发展，金万昆几十年如一日地深耕于淡水鱼养殖领域，付出了常人难以想象的辛苦，也因此取得了卓越的成就。

科学技术作为第一生产力，是推动经济增长的核心驱动力。改革开放初期，金万昆凭借其在水产领域的深厚造诣和卓越贡献，成为众多水产相关单位竞相争取的宝贵人才。

有个在国营水产单位当总经理的老熟人，知道金万昆的技术水平。这天，他来到换新水产良种场，直言不讳地对金万昆说："老金，你看看你今年都50多了，头发都干白了。你这样苦熬地干，还能干几年啊？况且就在你们良种场，也没啥干头呀！"

"老金，我今天特意来找你，就是想请你这个大拿出山，到我这儿来干，咋样？你就嘛也不用愁，到死我都包了，挣的钱肯定比你现在挣的翻上几倍都不止！"

金万昆知道这个老朋友没拿他当外人，说的也都是掏心窝子的话。改革开放这几年来，一直强调科学技术是生产力，也鼓励各类人才的正常流动。尊重知识、尊重技术，已经成为社会的普遍共识，为企业发展谋求人才也是理所当然的。

但金万昆拒绝了老朋友的邀请："哈哈，我人老了，还挺值钱。你要是有事找我，我任何时候随叫随到，技术问题但凡是我懂的都毫不保留。可场里离不开我，我也离不开换新，在这待了大半辈子，也是故土难离啦！"

一个深知金万昆"功底"的养鱼人，来到换新水产良种场，偷偷把他拉到一边说："金场长，我家渔场受到过您老的不少帮助，今天我也给您提供个信息，牵个线！"

金万昆笑笑，点点头，认真地听他继续说。

"我有个朋友是个小领导，他们东北有个国营大单位要建渔场，我都和那边讲好了，请您做技术指导，3年能建成这个大渔场就给您10年的工资，每月工资不少于1000元。您自己算算这是多少钱，不比您老现在苦哈哈地养鱼强吗！"

金万昆摇摇头："我还是在换新带着大伙儿养鱼吧，挺好的。"

这个人有点着急，"金场长，您老想想，树挪死，人挪活。别的不说了，您挪窝换个地方，每天抽的烟卷都能提高四五个档次！"

金万昆哈哈大笑，说道："这倒是，活了这么多年，就抽烟这么一个爱好，以前是手卷烟，现在是买现成的。亏待谁，也不能亏待自己个儿的这张嘴呀！"

话虽如此，可转天金万昆依旧在换新的鱼池边，抽着自己平常抽的烟卷干活。

金万昆的想法很简单——钱是生活的保障，但不是活着的目的。个人得失算得了什么？他从来不去计较。为了换新水产良种场这份集体家业，他带头勒紧裤腰带，把省下的钱用在发展生产上。他总是激励大家："将来咱们换新兴旺了，大家伙儿的生活水平也就提高了，所以大家要脚踏实地，艰苦创业。"

金万昆说："为了个人而牺牲集体是万万不行的。我金万昆见马克思的前一天也不能离开换新，不能离开生我养我的这块土地和朝夕相处的父老乡亲。"

俗话说，"教会徒弟，饿死师父"。可是金万昆却认为，只有大家的养鱼技术都提高了，水产养殖事业才能得到发展。来换新水产良种场交流学习的同行常年不断，有本乡本土的，也有外县外省的。金万昆不仅不收学费，还免费为他们提供食宿。

金万昆平时就住场里的宿舍，经常在夜里被急促的敲门声惊醒。

有天半夜，外面下着瓢泼大雨，一个外乡镇的小伙子冒雨骑车前来，心急火燎地敲响了金万昆的宿舍门。

"金老，您行行好，救救我的鱼吧！我实在是没招了！"

这个小伙子承包了几十亩鱼塘，原本活蹦乱跳的鱼，突然出现了大面积的"翻白"现象。不及时救治，这一年的心血都将付诸东流，他怎能不急？

金万昆问明情况，赶紧备好药品，匆匆到20多公里外"出诊"。他来到渔场，没等喘口气就去鱼池查看情况，动手配药、泼洒，忙活大半天，总算把鱼保住了。等到金万昆收拾东西准备返回时，小伙子望着他那被汗水浸透的身影，才想起老爷子从后半夜出来到现在连口饭还没有吃。小伙子心里十分不安，留又留不住，就让家里人摘了一筐桃挂在金万昆的自行车上。金万昆硬是不肯收，嘱咐好他管理池鱼的要点，就骑车回去了。

1985年春天，河北省丰南县一个养鱼专业户的几万尾鱼染病，金万昆赶到渔场，一面配药治疗，一面传授养鱼知识，令这个养鱼户感激不已。

粗略统计，仅1983年至1985年，金万昆就为本村培养40多名养鱼能手，为本市和外省的村集体、养鱼专业户义务设计养鱼池200余处，接待前来交流学习的养鱼户3000多人次，回复外地咨询信件400余封。

金万昆在业内颇具名气，前来聘请他的人一个接一个。天津市某淡水养殖公司以1000元的月薪聘请他去当技术顾问；汉沽区一个养鱼联合体请他每个星期去指导工作，日薪25元；河南、山西、黑龙江等省的养鱼单位也来信，以优厚的待遇聘请他，但是都被金万昆拒绝了。

金万昆深知，自己是党员，自己的技术是党培养的，所以这些技术不能作为个人发财的资本。前来向金万昆求教的人每天都有，他总是有求必应，耐心传授养殖技术。为了带好徒弟，他不顾白天辛劳，经常工作到深夜，编写了30多万字的培训教材。

08 /

走南闯北访"鱼亲戚"

截至1994年年底，国内水产界公认的四大优种鲫鱼——方正银鲫、彭泽鲫、滇池鲫、淇河鲫，均已在天津安家落户。其中方正银鲫、彭泽鲫在宁河、汉沽一带养殖，其余两种转年即可被端上人们的餐桌。这四种鲫鱼是由天津市宁河县换新水产良种场引进的，现正在该场越冬。它们都是雌核发育三倍体优种鲫鱼，具有生长快、个体大、可食率高、肉质营养成分理想等特征，此外还具有抗病力强、耐低氧、易于养殖等优势。

"育出一条鱼，让养鱼人好养，吃鱼人爱吃，卖鱼人好卖，这是一个产业链，使更多人勤劳致富，改变生活。"这是金万昆的座右铭，也是他一生的奋斗目标。他知道要想走在水产养殖领域的前沿，同时满足老百姓的营养膳食需求，就必须向更高的目标迈进——育出水产新品种。于是，1994年，从未停歇的金万昆又把目光投向了鲫鱼养殖。

鲫鱼为我国重要的食用鱼类，多生长于溪流、湖泊、沟渠，盛产期在秋、冬两季。鲫鱼肉质细嫩，肉味甜美，高蛋白而低脂肪的特点使其具有很高的营养价值，鲫鱼汤更是滋补佳品。

中华上下五千年，可中国人吃鲫鱼的历史却远远超过了五千年。考古学家在河姆渡遗址中发现了不少鲫鱼骨头，这表明7000年前的河姆渡先民就已食用鲫鱼。东晋王朝在江南创建后，北方士族纷纷南渡，便有了"过江名士多如鲫"的说法。后来，人们用"过江之鲫"形容赶时髦的人很多。那么，为何偏偏是过江之鲫，而不是过江之鲤、过江之鳊、过江之鳙呢？宋人陆佃在《埤雅》中给出答案："鲫鱼旅行，以相即也，故谓之鲫。以相附也，故谓之鲋。"也就是说，鲫鱼大多都一起行动，相互靠近，所以得名鲫鱼。

在食物相对缺乏的年代，人们能吃鲫鱼、爱吃鲫鱼，绝不只是因为鲫鱼多且价格便宜，而是折服于它的鲜美。清代著名画家李鱓，应邀到好友郑板桥家餐叙，一碗鲫鱼汤令他诗兴大发，当即做出了"一勺清汤胜万钱"的评价。

在清代袁枚撰写的《随园食单》中，就有记载：鲫鱼先要善买。择其扁身而带白色者，其肉嫩而松；熟后一提，肉即卸骨而下。黑脊浑身者，崛强槎丫，鱼中之喇子也，断不可食。照边鱼蒸法，最佳。其次煎吃亦妙。拆肉下可以作羹。通州人能煨之，骨尾俱酥，号"酥鱼"，利小儿食。然总不如蒸食之得真味也。六合龙池出者，愈大愈嫩，亦奇。蒸时用酒不用水，稍稍用糖以起其鲜。以鱼之小大，酌量秋油、酒之多寡。

人们爱吃鲫鱼不是因为它的价格便宜，还有一个很好的佐证。20世纪80年代，中国农产品市场逐渐开放，鲫鱼的价格从一斤两三毛涨到七八块，甚至将近十块钱一斤。供需关系决定商品价格，老百姓对

一辈子做好一件事——「鱼爷爷」金万昆纪事

鲫鱼的喜爱可见一斑。

经过对市场和养殖场的双向走访调研，金万昆得出了结论：鲫鱼是全国各地养殖最普遍、市场需求量最大的经济鱼类。但他同时发现了鲫鱼养殖的普遍性问题，那就是鲫鱼生长缓慢，产量低，养殖效益差。怎样才能改变这个困境呢？

渔业要发展，育种是关键。解决鲫鱼养殖的问题，也绕不开一个"种"字。于是，金万昆决定把接下来的工作重心放在鲫鱼上，选育兼具养殖效益和营养价值的品种。他的道理很简单，老百姓爱吃啥鱼，养鱼户养啥鱼赚钱，就研究啥鱼。

育种工作首先要解决的，是确保原品种的纯度，这对新品种的性状和商品鱼的增产起着决定性的作用。

鲫鱼品种的纯度决定鱼种质量的优劣。金万昆在心里暗暗盘算，中国幅员辽阔，要去哪里才能找到纯种的鲫鱼呢？

书山有路勤为径。金万昆在一本水产杂志上看到一篇关于我国鲫鱼发展历史的文章，这让他眼前一亮。这篇文章系统介绍了我国"四大名鲫"——方正银鲫、彭泽鲫、滇池鲫、淇河鲫的相关性状和种质优势。方正银鲫原产于黑龙江省方正县，彭泽鲫原产于江西省彭泽县，滇池鲫原产于云南省的滇池，淇河鲫原产于河南省鹤壁地区的淇河之中。它们都是雌核发育三倍体优种鲫鱼，具有生长快、个体大、可食率高、肉质营养成分理想等特征，此外还具有抗病力强、耐低氧、易于养殖等优势。

时间催促着年逾六十的金万昆加快脚步。他当机立断，在地图上用红色记号笔圈出自己所在的天津宁河，再圈出四大名鲫的原产地。金万昆看着地图上显眼的红圈，黑龙江、河南、江西、云南，从祖国的东北到祖国的西南。这趟路可不近，但金万昆下定决心，要不惜任何代价从原产地引进纯种鲫鱼进行育种，让宁河县、天津市，甚至东北、华北地区的渔场，都能饲养由换新水产良种场用科学手段选育出来的名鲫鱼苗。

金万昆找来场里的技术骨干，和大家一起商量这场走南闯北访"鱼亲戚"的战斗怎么打。

北上寻鱼缘

1994年，金万昆已经62岁了。虽然他早已到了含饴弄孙、享受生活的年龄，但他丝毫没有退休的意思，依然干劲十足，目光炯炯，带头下鱼池、搞科研。9月，东北地区尚未进入冰雪季节，但是时间可不等人，他决定赶快行动。

金万昆已经做足了功课。他通过黑龙江省水产科学研究所撰写的《黑龙江省方正县双凤水库的鲫鱼》一文了解到，黑龙江省水产科学研究所为了培育优良的鲫鱼品种，从选种的角度出发，连续两年对黑龙江省具代表性水域中的鲫鱼进行了品系调查。调查的地区有方正县双凤水库、莲花泡，五常县龙凤山水库，桦南县向阳山水库，德都县五大连池和扎龙湖。该研究所共采集标本407尾，进行了主要比例性状的测定、年龄鉴定和生长推算等工作，初步认定方正县双凤水库的鲫鱼在比例性状、生长速度等方面都较其他鲫鱼优良。

成了，引进方正银鲫就去黑龙江省方正县双凤水库！

金万昆组建了换新水产良种场四大名鲫引进小组，组长由他亲自担任。经过商议，引进路线为先北上黑龙江，再挺进中原转战河南的淇河鲫产地，然后马不停蹄直奔西南的云南滇池，最后直插江西彭泽县，在年底之前完成四大名鲫的引进任务。

临行前，金万昆又开了一次小组会议。

"同志们，引进四大名鲫是建场以来路线最远、困难最多的一次任务，可以说这是一次咱们换新人的'西天取经'。"

他接着说："大家都看新闻了吧，东北前不久发生了秋涝。我也注意到这个问题了，在心里反复掂量。去吧，洪水退后的交通不可能通畅。不去吧，方正银鲫引不进来，明年的计划又要落空，白白耽误一年的时间。最后我还是决定去，而且要抓紧时间去，所以我们要做好吃苦受累的思想准备。"

金万昆继续给大家鼓劲："咱们为啥要这么费劲地从全国各地引进鲫鱼，往小了说是为了咱们良种场的养殖效益，再大一点是为了老百姓餐桌上多一条好吃又不贵的鱼，从根本上看是为了咱们国家水产事业的长足发展。"

金万昆说话的时候，工作小组的其他人都全神贯注地看着他们的老场长。他的眼神坚定而有力，仿佛要将这份决心和信念传递给每一个人。

"这一趟路途遥远，责任重大，但我相信只要咱们团结一心，就没有克服不了的困难。"

1994年9月10日，以金万昆为首的四大名鲫引进小组登上了北上的列车。经过两天两夜的车程，一行人到达黑龙江省的尚志县。

他们无暇旁顾，从尚志县出发直奔方正县双凤水库。一路上坑坑洼洼，沟沟坎坎，公共汽车行驶在被洪水冲过的路面上，时而东斜，时而西倾，让车上的人晕头转向。正常情况下，从尚志县乘车到方正县双凤水库需要三个小时，哪知道这次金万昆他们整整走了十个小时，天黑时分才到达目的地。

几个人累得不想说话，就近找了个小旅馆住下来。第二天一早，因为路面被洪水冲毁，一行人又经过一个多小时的艰难跋涉，步行到达双凤水库。

他们见到双凤水库管委会主任，几双大手热情地握到一起，主任热情接待了金万昆一行四人。

"欢迎你们大老远到这里来。咱们是一家人，请不要客气。"主任一边给他们沏茶，一边爽快地说。

"主任，这次给您添麻烦来了，我们想购买纯种方正银鲫，请主任帮帮忙。"金万昆一面客气地向主任打招呼，一面说明来意。

"你们要的方正银鲫得在水库里拉网捕捞。"说到这里，主任有些不好意思，"今年我们东北发大水，几十年一遇，洪涝面积很大。金场长，实话实说，我们水库自己的人手不够，大家忙着生产自救……"

金万昆不假思索地说："这有啥，人手的事好办，我们四个人不就是现成的人手吗？都是靠在池子边吃饭的人，这点活根本就不在话下，您别为难。"

"那太好了，太好了，咱们一块儿整。"水库主任爽朗地说。

于是，金万昆四人穿上借来的下水裤，登上机动船，和工人们一起将船上的围网撒向水库。当网拉上来后，金万昆第一个从船上跳到岸边的浅水区，在齐腰深的水中逐一挑选种鱼。

多半天的工夫，金万昆四个人终于选出2000尾三倍体方正银鲫。看着面前欢蹦乱跳的鱼儿们，金万昆打心底里高兴。

引进小组首战告捷，他们不敢耽误时间，连夜将2000尾方正银鲫打包装箱，运到尚志县火车站，押车回到芦台。

探访淇河鲫

清晨最为安静，金万昆喜欢围着良种场一边散步，一边琢磨事。

这天，他起得特别早，披着军大衣边走边琢磨：今年大家伙儿干得都不赖。生产量每年都在上升，今年孵化的各种优质鱼苗已达到十亿尾。这些鱼苗中唯独鲫鱼鱼苗最少。物以稀为贵，鲫鱼鱼苗越少，养鱼户们越愿意购买。方正银鲫已经完成引进了，明年就可以着手孵化仔鱼。

下一步，该去河南接淇河鲫回家了。

原本，金万昆计划从东北归来后就直奔河南，但是有几个重要的会议需要参加，他不得不放慢了挺进中原的脚步。

回到办公室，他开始翻阅之前做的关于淇河鲫的笔记。

淇河鲫自然生长在气候温和、夏无酷暑、冬无严寒的淇河中，是天然的三倍体鱼类。淇河水质甘醇，河里水草丰茂、浮游生物丰富，是淇河鲫理想的生活环境。《诗经》中有"籊籊竹竿，以钓于淇"。清代《海错百一录》记载"豫之淇鲫为天下最"。

淇河鲫的特点是体宽背厚、头大嘴小，当地人称之为双背鲫；体色比其他鲫鱼浅，背部为浅褐色、两侧银灰色、腹部银白色；尾部为叉形，胸鳍和尾鳍白色透明。淇河鲫是杂食偏植食性的鱼类，食物以水生植物为主，兼食浮游生物和小鱼虾，具有易于繁殖、抗病力强的优势。

淇河鲫骨细小、肉肥厚、质细嫩、味鲜美，营养价值较高。据测定，淇河鲫含肉率高达72.72%，为一般鲤鱼的1.2倍；蛋白质含量高达19.16%，比著名的黄河鲤鱼高6%，且蛋白质中各种氨基酸含量均衡，谷氨酸含量尤高，这正是淇河鲫味道鲜美的根本原因；脂肪含量为1.74%～1.85%，比黄河鲤鱼低一半还多；含有大量的钙、磷、铁等矿物质。

这么优质的鱼种，必须尽快引进。想到这里，他迅速翻找出河南省的地图，在上面精确地标记出即将前往的路线。第三天，金万昆便带着四大名鲫引进小组的两名成员——场长助理李聪和水产高级工程师宋文平——登上了南去中原的火车。

一行人在汤阴站下了火车，转乘公共汽车前往鹤壁市。

刚下汽车，金万昆就对李聪、宋文平说："走，咱们现在去市水利局。"

"金场长，咱们去水利局干嘛？不是去水产良种场吗？"李聪睁大眼睛不解地问。

"先去市水利局。"金万昆边说，边不慌不忙地打开手提包，从里面拿出一本水产杂志，指着其中一篇文章，"看看这个你就明白了。"

李聪接过杂志一看，这是一篇介绍淇河鲫的文章，作者是鹤壁市水利局的尚、孙二位同志。李聪望着金万昆，笑着说："我的金场长，原来您还有这个秘密武器，真有您的！"

鹤壁市水利局办公室里，尚、孙二位同志听完金万昆的来意后特别兴奋，没想到自己写的文章竟然引来了天津的同行，而且还是在水产养殖界鼎鼎大名的金万昆。尚同志当即联系淇河水产良种场的郭场长。

不到两小时，郭场长就赶到了。虽说是冬天，他摘下帽子后，额上却布满汗珠。河南人豪爽实在的性格让金万昆深受感动。

寒暄过后，金万昆把话引入正题：

"我有两件事想请三位帮忙。第一件事，也是来贵地最主要的事，就是想买一些纯种淇河鲫，好让我们带回宁河搞育种。第二件事，我们想考察一下淇河鲫的原生地，进一步了解淇河鲫的生活习性，为科研积累一些资料。您几位看能不能行个方便？"

"金场长，您来我们这儿就不要客气了，淇河鲫的事我保证给您解决。"郭场长爽朗地答应。

"关于实地考察淇河鲫原生地的问题，您看这样好不好，我们现在给您画一张考察路线图，从哪儿到哪儿，路过哪儿，都在图上标清楚。我俩因为天天下乡工作忙，没法陪大家去，实在抱歉。"尚同志为难地说。

孙同志立马拿过纸笔，画了一张草图出来。尚同志和郭场长再三确认后，交给了金万昆。金万昆如获至宝，连声道谢。

第二天，天刚蒙蒙亮，金万昆三人就起床了。凛冽的西北风呼啸着，凉气直往汗毛孔里钻。李聪走上前，把金万昆棉大衣的麻绒领子往上一竖，他怕金场长着凉。

金万昆拍了拍李聪的肩膀，说道："咱们一会儿吃完早点，带些干粮，拉练去考察，我这个老头子也跟你们年轻人比试比试。"

淇河，发源于山西棋子山，入豫后经辉县、林州，在鹤壁淇门注入卫河，全长176公里。淇河鲫并不是在整条淇河中都有分布，而是只在鹤壁、许家沟一带的流域生存繁衍。这就好比"橘生淮南则为橘，生于淮北则为枳"。从这点上来看，淇河鲫是十分珍贵的。

崎岖的山路消耗了不少体力，三人走了快一个小时，终于来到了鹤壁段的淇河边。淇河两岸是起伏的低矮山峦，淇河夹在两山之间逶迤而来。金万昆从介绍淇河鲫的文章中略知淇河的基本情况。淇河有深有浅，有宽有窄。深的地方似潭，肉眼看不见底；浅的地方似滩，深不盈尺。在河水清澈的浅滩处，鸡蛋大小的卵石铺满河底。宽的地方，高声呼喊对岸都听不到，窄的地方到对岸不过十几步远。

他们三人顺着淇河向前走去，遇上陡坡，先过去的人就回身拉后边的人一把。三人里金万昆的岁数最大，走平地时不显眼，走崎岖山路时就有些艰难了。金万昆不得不猫下腰，两手扶地，一点一点地向前挪动。

走了大约有三里地，金万昆觉得两眼冒金花，汗水直从两颊往下淌。李聪和宋文平看到金万昆吃力的样子，劝他休息一下。金万昆掏出挎包里的毛巾，擦擦脸上的汗水，说："人们都说不到黄河不死心，我是不到淇河鲫生长的地方不死心啊。这么说吧，咱们一辈子能来淇河几次？既然来了，就不能后退，这可比爬雪山过草地强多了。别耽误时间，抓紧赶路吧。"

太阳已在正南方。金万昆三人走了近四个小时，终于来到了这个叫许家沟的地方。令人称奇的是，这个地方毫无寒意，温暖如春，河面上飘浮着一层薄薄的雾气。这是什么原因？金万昆蹲在河边，发现河床底部有很多温泉眼，正咕嘟咕嘟向上冒水。淇河鲫就生长在这样优良的环境里。金万昆用河水洗了把脸，脸上感觉热乎乎的。他站起身来看了看四周，山清水秀，真是好山好水出好鱼啊！

第二天，金万昆三人在淇河水产良种场买了1167尾纯种淇河鲫，并租用一辆汽车运输，由助理李聪押车回场。从此换新水产良种场增添了一个新品种——淇河鲫。

送走李聪，金万昆对宋文平说："明天咱俩从郑州直奔昆明，然后去滇池，无论如何也要把滇池鲫带回换新。"

不善言辞的宋文平点点头，说着："行，行！"

九天等到滇池鲫

云南之行，路途遥远，金万昆一行选择乘坐飞机前往。下午两点，飞机抵达昆明。金万昆和宋文平无心游览春城的风景，直奔云南省水产技术中心。

多年来，金万昆与云南省水产技术中心的科研人员交往甚密。事先知道金万昆一行今天抵达，技术中心的工作人员早早在门口迎候。

"金场长，欢迎您到我们这儿来，一路辛苦了。"一见面，水产技术中心的同志便紧紧握住金万昆的手。

"谢谢，谢谢，给你们添麻烦了！"

"您要的滇池鲫我们想办法给您解决，这种鲫鱼现在不多见了，但再少也要叫您带回去。"云南水产技术中心的负责人说，"不过，一天两天可能办不到，需要去滇池里捕捞。"

"明天我们俩就去滇池，在滇池边等，啥时候有滇池鲫我们就啥时候买。"金万昆理解对方的难处。

第二天，天刚露出鱼肚白，金万昆和宋文平就坐上公共汽车前往滇池。

据说早在三国之时，曹操就喜欢吃滇池的鲫鱼。明代的《滇略》引魏武帝曹操的《四时食制》说："滇池鲫鱼，至冬极美。"《滇略》的作者是明万历年间的谢肇淛，他写到这里也搞不明白："曹操没到过云南，怎么知道滇池鲫鱼的味道极美？大概也是从传闻得知的吧。"《滇略》还记载，当时昆明最好的鲫鱼是冬天从滇池捕捞上来的，此时鲫鱼腹部有厚厚的脂肪层，烹调以后，味道特别鲜美，北方来的客人乍吃此鱼，还以为是面条。

金万昆一行来到滇池，得知捕捞队已经出去两天了。于是，金万昆和宋文平住进了滇池边的一间房子里。滇池是云南省最大的淡水湖，有"高原明珠"的美誉，可金万昆却无心欣赏周遭的风景。

三天过去了，捕捞队还没回来。到第四天晚上，金万昆失眠了，他披上衣服，走出小屋，在滇池边来回踱步。第五天，第六天，一直到第八天，他天天夜里在滇池边徘徊，心急火燎，嘴里起了几个泡。

到了第九天，太阳跃出滇池水面，只见水天一线的远方出现白帆点点，继而看见船身缓缓驶来。

金万昆九天来第一次露出了笑容。

捕捞队的船只靠岸了！终于让他等到了！

船舱里装满了欢蹦乱跳的鱼。金万昆向捕捞队负责人递上云南省水产技术中心的介绍信，得知天津的客人千里迢迢来云南是专门来买滇池鲫的，他们决定叫金万昆第一个挑选。

金万昆看到体大健壮的滇池鲫乐得合不上嘴。他对着挑选出的滇池鲫说："老伙计，这回你们就要跟我走了。"

将1000多尾滇池鲫运走后，金万昆和宋文平一鼓作气，从昆明直奔江西南昌，再转彭泽，顺利引进了彭泽鲫。

就这样，在天津宁河的换新水产良种场，四大名鲫安家落户了。

金万昆北上黑龙江、去河南、飞云南、下江西买鱼苗，在换新水产良种场培育养殖，使换新成为我国北方唯一的优质鲫鱼繁育场，引起水产界的极大关注。

已经进入隆冬季节，为确保这些宝贝鱼儿们安全过冬，金万昆每天都给予它们精心的照料。他把鱼食由传统鱼饲料改为玉米粒、麦芽

金万昆选择彭泽鲫

等，目的是增加营养和热量摄取量，让鱼儿们顺利过冬，确保来年春天可以投入育苗生产。

金万昆深知鱼类种质和遗传资料是国家宝贵的战略性资源，也是水产良种场育种创新、繁育生产和发展绿色养殖的重要物质基础和全部底气所在。金万昆十分注重淡水鱼类种质资源的收集引进和开发利用，把"四大名鲫"育成"异育银鲫"良种，并进行了推广养殖。又经过17年的代代选育，金万昆育成适合北方地区养殖的新品种津新鲤，通过国审后在全国推广。后又历经8年，金万昆培育出生长速度更快、抗病力更强、养殖效益更高的国审新品种津新鲤2号。这些成果，都离不开对淡水鱼原种的开发利用。

"老牛亦解韶光贵，不待扬鞭自奋蹄。"臧克家的诗句，道出了金万昆的心声。此时的金万昆已经62岁了，他早该享受自己的退休生活了。然而，一部波澜壮阔的水产育种史诗，此刻正待他的如椽大笔去书写，这样一位矢志民族种业振兴的水产育种专家，才刚刚开启他壮阔人生中水产育种的壮丽篇章。

第三章

拔萃者：育种露峥嵘

01 /

永恒的课题

从拼音、汉字，到化学、生物、遗传、育种、二倍体、三倍体、四倍体、远缘杂交，这座宏伟知识大厦的一砖一瓦，都是由金万昆脚踏实地、日复一日的自学构建的。有时候他也半开玩笑地感慨，说他这辈子唯一对不起自己的就是睡觉时间太少，自从干上这个"池子事业"，就再没有过过周末。

文人墨客，大多爱鱼，不管是碧波中灵动的鱼影，还是餐桌上千滋百味的佳肴，都让人心向往之。吃鱼，就是要吃汤的鲜、肉的嫩，感受多重味道在味蕾绽放。老祖宗造字，就将"鲜"字归于"鱼"部，而不入"肉"部，可见自古"鱼"便是"鲜"的代名词。

我国的淡水鱼养殖历史悠久，最开始主要养殖鲤鱼。到了唐代，因为皇室姓李，所以鲤鱼的养殖、捕捞、销售均被禁止，养鱼者只得从事其他鱼类品种的生产，这就有了青、草、鲢、鳙的养殖。北宋时期，这四种鱼被更广泛地养殖。它们不仅易养、味美，而且能减少水体中的氮、磷含量，减轻水体富营养化，大受养殖者和水产品消费者的欢迎。久而久之，这四种鱼就成了我国的"四大家鱼"。它们是中国特有的经济鱼类，也是我国淡水水产养殖业的"当家鱼"。

不仅四大家鱼的养殖在我国淡水水产养殖业中占据举足轻重的地位，而且其养殖经验也有助于我国的水产种质开发。

开发水产种质资源对端牢"中国饭碗"有多重要呢？可以这么说，水产种质资源是水产品安全供给的保障，更是支撑水产养殖绿色发展的"芯片"。

金万昆决定在水产育种领域钻研，他把目光投向了老百姓的餐桌。我国有四大家鱼，那为什么就不能有五大家鱼、六大家鱼呢？他下定决心培育新的家鱼品种，丰富人们的物质生活。

1980年，经过反复试验，金万昆终于将武昌鱼和花鲢鱼成功杂交。经过精心的饲养，仔鱼长势良好，生长速度快，这打破了"远缘杂交的子代不能速生速长"的说法。此外，金万昆带领换新的科研团队进行了河蚌育珠试验，还引进了尼罗罗非鱼、大口黑鲈等新品种进行育种试验。

一家坐落在芦台火车站南端铁道边上的普通村办渔场，一位靠自学和实践摸索出鱼类育种规律的养鱼人，听上去似乎离科学殿堂十分遥远。在科学探索之路上，"无知者无畏"是绝对行不通的，要突破已知领域的极限，无论在理论上还是在实践中，对人类智慧和科研水平都是极高的挑战。

那么，淡水鱼类育种的密钥，应该去哪里找寻呢？

武昌鱼和花鲢鱼的成功杂交，让金万昆在兴奋之余也认识到薄弱的文化基础难以支持他在育种这条路上继续往前。他下定决心要加强科学理论的学习，充实自己的头脑。他头一个想到的就是"书老师"——借书、买书、看书，搜集有关淡水鱼养殖的书，订阅渔业杂志。

有一次金万昆去参加一个重要的会议，会议间隙他去了附近的书摊。一套鱼类遗传学相关的书让他爱不释手，但是他一摸口袋，发现带的钱不够。眼看要与这套书失之交臂，怎么办？他看了看全身上下——鞋子不能脱，也不值钱，也就这件妻子新给他做的"的确良"衬衣还值俩钱。金万昆环顾四周，心想这不是在宁河芦台，应该没人认识自己，不用抹不开面子。于是他当即脱了衬衣，上身只穿一件白背心，大声吆喝着"卖衬衫啦，卖衬衫啦，新做的'的确良'衬衣！"大家看着这个身材高大的中年人脱了衣服当街卖，都觉得很奇怪，以为遇到了疯子。好奇的人凑上前一问，才知道这个中年人是为了用衬衫换钱买书。最终，金万昆以远低于市场价格的金额把这件衬衫卖了，然后急匆匆跑去书摊买下了那套心仪的书。

但凡读过的文章，金万昆都会在上面留下不少痕迹，他深信"好记性不如烂笔头"。每次学习，他都会准备红、蓝、黑三个颜色的笔，把知识点分门别类地标注出来，再向有专业知识的人求教。这样一遍一遍地学下来，他才能把知识真正地装进自己的脑子里。几十年的时间里，他翻烂了好几本字典。《淡水养殖》《鱼类育种学》《鱼病防治》这样的大部头他啃了一遍又一遍，就连《本草纲目》和《医药大典》他也仔细读过。他的读书笔记写了一摞又一摞，装满了十几个档案箱。

金万昆深知，培育出既高产又抗病的水产新品种，是我国水产种业发展中亟须解决的问题。20世纪80年代中期，金万昆在上海水产学院进修一年。在这一年里，他系统学习了多门专业课程，对选育育种、杂交育种、单倍体培育、多倍体育种、性别控制、引种驯化、生物技术育种等技术有了新的认识。他觉得自己的育种思路有了质的飞跃，对科学育种信心更足了。

读万卷书，更要行万里路。20世纪90年代，金万昆跑遍各地，引进淡水鱼类原良种、地方野生种、珍稀名特品种共计50余种，一手建起了淡水鱼类种质资源活体保存库。

就这样，从拼音、汉字，到化学、生物、遗传、育种、二倍体、三倍体、四倍体、远缘杂交，这座宏伟知识大厦的一砖一瓦，都是由金万昆脚踏实地、日复一日的学习构建的。有时候他也半开玩笑地感慨，说他这辈子唯一对不起自己的就是睡觉时间太少，自从干上这个"池子事业"，就再没有过过周末。

02 /

市长叫我养好鱼

> 1987年11月中旬，天津市召开了第十一届人民代表大会。21日上午，时任天津市市长的李瑞环参加了同市人民代表、市政协委员的对话后，邀请人民代表和政协委员共进午餐。不知是巧合还是市领导的有意安排，李瑞环市长身旁坐着的不是别人，正是金万昆。两个人边吃边聊，聊了很久。

"吃鱼吃虾，天津为家。"走进天津各大超市和农贸市场，不难发现水产摊位上总是摆满了鲤鱼、鲫鱼、鲈鱼、黄花鱼、带鱼、河蟹、对虾等数十种水产品，而且大多都是鲜活的。

天津的渔业历史悠久，但真正的快速发展，是从党的第十一届三中全会后开始的。1979年国家制定了"合理利用资源，大力发展养殖，着重提高质量"的方针；1985年国家又提出"以养为主，养殖、捕捞、加工并举，因地制宜，各有侧重"的方针。水产品价格全部放开，实行市场调节；同年，天津市委、市政府提出了"苦干三年，基本解决全市人民吃鱼难"的奋斗目标，并制定了一系列具体政策，充分调动了广大渔民发展渔业生产的积极性，天津渔业发展开始走上了快车道。

没有经历过物质匮乏的岁月，很难体会到当时计划经济下生活的窘迫。在那个物资奇缺的年代，有河有海的天津，人们吃鱼竟是一件难事。那时，凭副食本每人每月可购买半斤鱼，每当副食店到了鱼，门前立即排起长龙。

当年，很多外地人来天津，发现天津人守着大海却吃不上鱼，纷纷到北京去买鱼吃，觉得很奇怪。原来，20世纪五六十年代，由于天津水产资源丰富且相对稳定，"重捕轻养，重海轻淡"观念逐渐形成，导致养殖技术落后，养殖业发展缓慢。1978年，天津市水产品总产量为4.5万吨，养殖产量只有0.3万吨，仅占水产品总产量的6.7%。渔业经济发展与人口增长的不相适应，客观上造成了水产品供应紧张。当时，天津每人每月平价鱼供应量仅为0.25公斤。

正是这样，当20世纪80年代初天津市政府提出"苦干三年，吃鱼不难"这一响亮口号之时，许多人难以置信。多年的"吃鱼难"问题，真的能在短短三年就解决吗？

市政府把发展渔业生产作为"服务城市，富裕农民"和"调整农业产业结构"的战略任务，放手发动国营、集体和个体单位一起上。各行各业各地齐动手，在全市掀起群众性的"养鱼热""养虾热"。

经过全市人民的不懈努力，"苦干三年，吃鱼不难"的目标基本实现。据统计，1987年，天津市海淡水养殖面积达36万亩，是三年前的两倍多，已建成的商品鱼基地达24个，全市水产品总产量达到7.5万吨，其中淡水养殖总产量与1984年的相比增长3倍多，城市居民水产品人均占有量为16公斤。

1987年的深秋，天津市第十一届人民代表大会的议程已经接近了尾声。11月21日中午，天津宾馆内，一场气氛融洽的午餐会正在进行着。时任天津市市长的李瑞环在结束与代表委员们的恳谈后，特意邀请基层代表们共进工作餐。其中，身着粗呢中山装的金万昆因其水产专家的特殊身份被安排在了主宾席。

当市人大常委会负责同志介绍这位来自宁河的养鱼人时，李瑞环眼中顿时焕发出异样的神采——这位以务实著称的市长，正为破解津门百姓的"吃鱼难"而凤夜忧思。

简单寒暄后，两位"实干家"的交流便迅速切入了正题。金万昆以几十年扎根渔场的实践经验，向市长"开出了"一份浸透汗水的养好鱼的"药方"。金万昆分析了虽然全市"苦战三年"已实现鲜鱼供给量翻番，但淡水鱼种质退化、管理粗放等隐忧却也正侵蚀着来之不易的成果。金万昆强调了亲鱼培育体系的薄弱现状，以及四公斤级种鱼稀缺导致的畸形鱼苗问题。渔业的关键是育种，而目前天津市最为突出的问题是亲鱼的质量不好，品种混杂，性状比过去退化了很多。金万昆建议从长江引进鱼苗，并加强管理，在市内建立一个亲鱼优良品种基地，在管理上达到规定的技术指标。

李瑞环听得认真、问得仔细。从鲢鳙催产时令到草食性鱼类饲喂配比，从罗非鱼越冬难题到水库生态养殖构想，这场持续半个多小时的"餐桌问策"渐次勾勒出天津市科技兴渔的一张蓝图。

李瑞环又和金万昆探讨了如何在水库养好鱼的问题。天津市水库面积大，但鱼产量高的水库却很少。金万昆认为，水库养鱼的关键也是鱼种问题，还建议引进国外鱼种以改善现状。

宴席将阑，李瑞环向眼前这位裤脚犹带着水池塘泥气息的土专家，发出了郑重邀约。彼时天津水产研究所的档案柜里，已摞着市长十几次调研形成的报告，但这份来自鱼池水边上的真知灼见仍令他耳目一新。此后，金万昆的姓名，也出现在天津市水产研究所特聘顾问的烫金聘书上。

事实上，这场看似偶然的午餐际遇，实则是改革开放初期科技兴市战略的生动缩影。当市长与养鱼人的四只大手紧紧地握在一起时，渤海湾的潮声里，一粒改变华北水产格局的种子正在悄然萌芽。

金万昆对于养鱼业健康发展的观点，得到了李瑞环的认可，而这次午餐期间与市长的谈话，也更加坚定了金万昆养好鱼的决心。

03 /

远缘杂交"造"新鱼

传统理论认为，鱼类远缘杂交不能产生有生命力的后代。金万昆设计了上百组远缘杂交组合进行反复试验对照，结果表明，远缘杂交在某种特定条件下，不仅能产生有生命力的健壮后代，还能育出经济性状稳定优良的新品种。

金万昆培育的11个国审鱼类新品种，虽然有大量的论文、专利资料、实验数据证明其品种优势，但如何让人们直观地感受到这些优势呢？

笔者作为天津人，从小吃鱼长大，也经常去菜市场买鱼，对鱼的外形略有了解。金万昆培育的11个国审鱼类新品种，在外形上有一个十分鲜明的特点：鱼头很小，鱼身又宽又厚，大有闷头吃食不长脑袋光长膘的架势。这些性状优势的学术语言叫"头部比例小"，也因为它们头小身子大，所以"含肉率高"。在整个淡水鱼养殖周期中，出肉率高意味着饲料系数低、养殖效益好。

翻阅金万昆2011年出版的《淡水鱼类杂交种胚胎发育图谱》一书，笔者发现，天津市换新水产良种场自2002年被农业部批准为国家级水产良种场以来，为获得有自主知识产权的养殖鱼类新品种，先后做了405项淡水鱼类远缘杂交组合试验，杂交用的亲本涉及2个目、4个科、7个亚科和18个属的65个种，共做了目间杂交组合4个，科间杂交组合64个，亚科间杂交组合176个，属间杂交组合151个，其他杂交组合127个。这些组合包括雌核发育组合、雄核发育组合、二倍体组合、三倍体组合等，其中295个组合获得了能够存活的后代。经筛选，有研究和培养前途的组合共43个，后代2958尾。金万昆及其团队在做这些鱼类远缘杂交时，注重观察亲本子代和杂种的胚胎发育，以及它们在相同水温条件下不同发育时期的发育速度、发育特征以及畸形胚胎的出现概率等。6年来，金万昆团队共观察了69个组合，其中科间杂交14个，亚科间杂交22个，属间杂交21个，种内杂交12个。

金万昆2009年出版的《淡水鱼类远缘杂交实验报告》一书的"实验简报"一章中，记录了"淡水鱼类远缘杂交实验报告（简报）第001—114号"。在这114组实验简报中，金万昆详细介绍了某两种鱼杂交组合的实验结果。虽然每篇简报只有寥寥七八行，但其时间跨度几乎都以年为单位，有的甚至跨过两三年的时间。从统计学的角度简单观察这114组杂交实验报告会发现，实验组全部死亡、逐渐死亡的比例尤其高，未见杂交子代的比例也很高，可见通过远缘杂交选育出生命力强、经济价值高、便于推广的新品种之艰难。

迈出从"难"到"更难"的这一步

20世纪50年代，我国养殖淡水鱼主要依靠捕捞天然鱼苗，受限于天然鱼苗数量少、质量参差不齐等因素，尚未形成规模化产业。1958年，鲢鱼和鳙鱼成功实现人工繁育，成为水产科技领域里程碑式的突破。从此，淡水苗种的供应逐步充足，保种、育种、测试、繁殖、推广等体系也初步建立，淡水鱼类繁殖向着多品种化发展。尽管如此，我国淡水鱼养殖业仍面临着不少挑战。其中，鱼类良种覆盖率低的问题尤为突出。鱼类长期自我繁殖易导致种质退化，会使后代出现生长速度下降、抗性降低、繁殖力变差等缺陷，严重制约着淡水鱼养殖业的发展。

为解决这一问题，培育优良鱼类品种是当务之急。培育良种的主要方式之一就是鱼类远缘杂交——它可以使不同鱼类的基因组结合在一起，令杂交后代的表现型和基因型发生显著改变。作为脊椎动物中种类最多的一个类群，鱼类在杂交育种上拥有非常丰富的亲本资源。然而，长期以来，鱼类杂交育种缺乏系统的理论支撑和技术支持，实际操作中也存在盲目性，导致杂交后代死亡、没有杂交优势、难以形成品系等不良现象。

所有已知的规律和经验，都源自成千上万个实验数据的积累和经年累月的归纳分析。鱼类远缘杂交之所以是当时育种的一大难题，主要是因为基因组调控容易紊乱且鲜有可借鉴的成功先例。举个简单的例子，假设A鱼种肉质好，B鱼种长得快，理想情况是这两种鱼杂交后产生肉质好且长得快的C鱼种，但很有可能这两种鱼根本不能杂交，或者杂交后子代存活率极低。

鱼类远缘杂交除了要解决子代的受精率和成活率问题，更重要的是在子代成功存活的基础上，选育出更具优势的鱼种。这无疑是大海捞针——能够从数以万计的受精卵中孵化出几条存活的试验鱼，就已经相当幸运了，杂交产生的试验鱼后代中可育个体的数量又极少，即使是可育后代，也需要颇费心思地照料，确保其产生足够的正常生殖细胞来延续品系，以供继续研究。

南墙很多，没有其他方法，只能一个个去撞，直到撞开为止。

"追尾了，抓紧，迁网！"

凌晨时分，繁育车间的催产池里泛起阵阵涟漪，有雄鱼正在追赶雌鱼。这意味着换新人没白熬夜，也意味着可以开始"做鱼"了。

金万昆说："鱼不好做啊，和培育农作物一样，要选种，要精心照顾，要抢季节。人误地一时，地误人一年，这可耽误不起啊！"

每年的4月初到5月底是北方鱼类产卵的季节，大规模的杂交育种试验就是在这段时间开展的，这也是换新人最忙的时候。在这期间，金万昆几乎每天都泡在车间和实验室里，带领换新的科研团队反复进行试验。

"鱼从凌晨四五点就开始产卵了，要观察产卵情况，我们的作息时间就得跟着鱼走。"金万昆对此习以为常，"自然界中，除非在极端环境下，否则两个不同物种的鱼不会自然杂交，因此需要创造特殊环境，让它们交配。"

鱼苗培育是一项艰苦的工作，当年还没有增氧机这种设备，所以每天清晨都需要人工扛着几十斤重的潜水泵，挨个给鱼池冲水增氧，防止鱼缺氧死亡。此外，还有饵料制作、投喂、中草药防病、亲鱼选择等繁复的工序。

一个好的鱼类品种要实现批量化生产，至少要保存几千至上万尾亲鱼，而这些亲鱼的选择标准十分苛刻，每一尾都是以万分之零点五的比例，从数以亿计的"鱼海"中被挑选出来的。

所以，每逢鱼类产卵的时节，金万昆和换新人都要起早贪黑，一次次地从数千尾亲鱼中收集珍贵的鱼卵、精液，进行人工授精与脱黏。接下来，这些受精卵将被小心翼翼地放进孵化桶里，在桶中随水流旋转。工作人员会调好水温、流量，随时检测溶氧量和各项水质指标以便及时换水。最后便是静静等待，守候奇迹的出现。一般7天左右，小鱼苗就孵化出来了。接着，就进入试验和培育观察阶段了。远缘杂交获得健壮鱼苗本就不易，而培育子代至性成熟最少需要两三年，其间更要进行繁复的选择、检测、性能对比试验等工作，直至子代性成熟后才能继续下一代的繁育试验。这样的选育一般要经过6代，才能使新品种的性状具有遗传稳定性。因此，每一个鱼类新品种，都是金万昆和换新人用大量的时间、精力、汗水和依靠鱼苗销售获得的科研资金换来的。

破解鱼类远缘杂交的密码很难，破解后持之以恒地选育子代更难。那为什么一定要迈出从"难"到"更难"的这一步呢？答案不难理解。因为只有勇敢地迈出这一步，才能掌握核心技术，才能真正参破鱼类远缘杂交的天机密钥。这是水产育种绕不开的高峰，也是必须有人扛起的重任。

能干点实事的都是"愣子"

金万昆说："我就试验远缘的。我们自选项目，一个一个地做。成了，那就是整个育种领域的突破，这不是值得骄傲的吗？"

改革开放以来，金万昆跑遍各地引进优良鱼种，建成北方唯一淡水鱼类种质资源库，并以这些种质资源为材料，先后进行了1000余项淡水鱼类远缘杂交组合试验。

金万昆带领着换新的科研团队，运用远缘杂交技术、群体选育技术、分子标记辅助育种等技术，培育出红白长尾鲫、蓝花长尾鲫、墨龙鲤、乌克兰鳞鲤、津新鲤、津新鲤2号、黄金鲫、津鲢、芦台鲌鱼、津新乌鲫、津新红镜鲤等11个经全国水产原种和良种审定委员会审定、农业农村部批准在全国推广养殖的新品种，育成的鲤鲫鱼新品种占全国鲤鲫鱼新品种近20%，其中有5个新品种多次被遴选为全国渔业主导品种。珍稀鱼类——胭脂鱼也在换新人工繁育成功，实现批量化生产，填补了这一物种北方地区人繁育种的空白。

金万昆编写出版了《淡水养殖鱼类种质资源库》《淡水鱼类远缘杂交实验报告》《淡水鱼类杂交种染色体图谱》《淡水鱼类杂交种胚胎发育图谱》《金万昆论文集》5部专著，发表论文96篇，这些专著和论文为淡水鱼类遗传育种理论研究和养殖实践提供了基础性资料。

传统理论认为，鱼类远缘杂交不能产生有生命力的后代。金万昆设计了上百组远缘杂交组合进行反复试验对照，结果表明，远缘杂交在某种特定条件下，不仅能产生有生命力的健壮后代，还能育出性状稳定、经济价值高的优良新品种。

金万昆曾说："我不搞近亲的、同属的、同种的，我搞的是远缘。别人都干着的，或是别人都干过的，你在后头还干这个，那不总走在人家后头吗？国外的鱼种，我不提倡引进。因为引进的种花钱不少，效益不高。当年引进的种下一年就变了，还得接着引进。他们又卖高价，总在牵着你的鼻子走。国内也好，国外也好，凡是别人干过的，我就不去干。我找那些旮旮旯旯的角落来立课题。"

在换新职工的眼里，金万昆是德高望重的老场长，人人敬重。可他骨子里还像年轻时一样，总透露出那么一股"愣劲"。

"能够干成点事的人大多是'愣子'，这种人绝对不会说得天花乱坠，而是踏踏实实地干，坚持一条道跑到黑。天津这么大的一个城市，难道就没人弄育种吗？那我要做这个一条道跑到黑的'愣子'！"

04 /

金万昆深知，自己是渔民出身，任何时候都不能丢了乘风破浪的血性。他从来没有停下奔跑的脚步，因为他知道，一些重大品种的养殖技术仍在"卡脖子"，而只有把饭碗牢牢端在自己手里，老百姓才可以吃喝不愁。于是，金万昆用了半个世纪育出津鲢，使其成为我国四大家鱼中首个人工选育品种。

鲢鱼又叫白鲢，在我国各大水系中都有分布，是较宜养殖的优良鱼类品种，也是我国四大家鱼之一。鲢鱼是大型淡水鱼，体形侧扁，呈纺锤形；背部为青灰色，两侧及腹部为白色；头较大。

鲢鱼肉质鲜嫩、营养丰富，生长速度快、疾病少、产量高，多与草鱼、鲤鱼混养，是深受养殖户喜爱的经济鱼类，也是老百姓餐桌上的"看家鱼"。对于鲢鱼的人工育种，金万昆带领换新水产良种场用了将近半个世纪的时间，最终育成我国首个人工选育的四大家鱼新品种——津鲢。

从28条白鲢鱼起家

时间回溯到20世纪50年代末。1959年，金万昆被评选为河北省劳动模范，组织奖励他3000尾鱼苗，要他养好这些鱼并在北方推广。20世纪60年代初，金万昆利用这批鱼苗做亲本，成功实现了白鲢的人繁孵化。

正当金万昆满怀信心进行白鲢选育时，他因为"文化大革命"而被下放到大辛公社江洼口村劳动，选育工作被迫中断。金万昆不怕白天干苦力，晚上点油灯也能读书学习，但他放心不下研究了一半的白鲢鱼。他用东拼西凑的几块钱买下28尾白鲢鱼，请一位下乡青年在自家后院挖了个鱼坑代为养殖，他偷偷做技术指导。这28颗"种子"，后来不仅是换新村发展坑塘养鱼的基础，还成为金万昆选育津鲢的亲本群体。之后的实践证明，金万昆就是从这28条白鲢鱼起家，在它们的后代里代代选育，终于在21世纪初育成津鲢。

四大家鱼的选育是一场马拉松式的育种赛跑，其选育之难已成为行业共识。要保持种质不衰，必须坚持长期科学选育，逐渐剔除衰退基因，因此"做"一条好鱼至少要选育6代，少则需要近十年，多则需要数十年。20世纪50年代末，我国著名的鱼类养殖专家钟麟突破了家鱼全人工繁殖技术这个世界性难题，结束了千百年来淡水鱼养殖完全依赖江河捕捞鱼苗的历史。这项突破为家鱼人工选育新品种提供了极大可能性，也拉开了四大家鱼人工选育艰难而漫长的序幕。

津鲢的由来

如果从头说来，津鲢是金万昆选育成功的第一个新品种。

白鲢是我国重要的养殖鱼类，人们一直通过捕捞长江、珠江的野生鱼苗进行池塘养殖。但长期以来，由于工程建设导致的栖息地破坏、过度的人工捕捞以及工业污染，天然的鲢鱼鱼苗已经很少，更鲜有人工选育品种。20世纪80年代，白鲢的选育工作被列入国家攻关计划，但因白鲢的选育周期长，到20世纪末一直未选育出新品种。

家鱼选育是一个漫长的过程。每年孵化季，金万昆都要亲自下水选鱼，常常在水里一站就是半天。他练就了"一眼准"的独门绝活，看鱼情、选鱼种、选亲鱼，全靠他的"火眼金睛"。

金万昆说："一个品种可以改善一个行业，创新是一切的根本。从事这个行业，是为人民造福的，再辛苦也值得。"研究了几十年育种，每一个新品种的诞生，金万昆都倾注了大量时间和精力。

鲢鱼达到性成熟需要三四年，6代鲢鱼一代代地选育下来基本要20年的时间。金万昆早在20世纪60年代就已成功选育第一代，之后又经过几代筛选，鲢鱼的品质进一步提高，大家都认为可以了，但金万昆的"愣劲儿"上来了，他总觉得还差点火候——长肉不够快、抗病力不够强、营养价值也有待提高。一言以蔽之，目前的研究成果还达不到金万昆的标准：让养鱼人好养，吃鱼人爱吃，卖鱼人好卖。

这个差点"火候"，是金万昆对自己负责，对换新负责，对淡水鱼种业种质负责。

于是，金万昆继续在换新水产良种场独立且封闭的池塘环境下，以形态特征优良、生长速度快和抗病力强为选育目标，采用混合选育技术，进行封闭式逐代选育。"文化大革命"和"唐山大地震"等十分困难的时期，他也未曾放弃育种工作。

直到2010年，金万昆终于露出了满意的笑容——这条鱼的火候差不多了，这条鱼成了！此后，他不断对该品种鲢鱼进行"提质升级"，使其在性状、经济效益等方面上的优势越发显现，成为水产养殖中不可替代的好品种。

金万昆决定把这条用半个世纪选育出的鲢鱼拿出来！2010年12月，在全国水产原种和良种审定委员会新品种审定会议上，由天津市换新水产良种场经50余年对长江白鲢封闭式系统选育成的鲢鱼，通过专家验收，被审定为淡水鱼类养殖新品种。这是我国青鱼、草鱼、鲢鱼、鳙鱼这四大家鱼中第一个人工选育的新品种。

有人提议，要以金万昆的名字命名这个鲢鱼新品种，但是金万昆谢绝了大家的提议。他说，这是在天津选育出的鱼种，就叫它"津鲢"吧！

记得那一年，国家审定新品种时，农业部聘请的院士、专家来到换新进行实地评定。将捞上来的鱼做了细致的科学测定和检验后，一位院士由衷地说："老场长，你育的鱼，比你材料上写的好！"

都说津鲢好　到底好在哪里

金万昆带领换新人，在天津、河北、辽宁和黑龙江这4个具有代表性的地区，选择了10位养殖户，利用2596.5亩水面，放养津鲢鱼苗25395.7万尾。实践证明，与长江白鲢原种比较，津鲢在形态学特征、生长速度、繁殖力、抗寒能力、分子遗传学特征等方面都具有优势，深受养殖户喜爱。

津鲢好，好在成活率高。津鲢苗种比从南方空运来的长江白鲢原种的饲养成活率高20%~40%。其中，津鲢从水花培育至夏花的成活率在60%~80%；从夏花培育至春片的成活率在80%~90%；从春片套

20世纪90年代初，换新场封闭式选育的白鲢

养在商品鱼池塘中养成商品鱼的成活率在96%～100%。而长江白鲢原种水花培育至夏花的成活率仅在40%左右。

津鲢好，好在生长快。1龄津鲢的生长速度要比同龄长江白鲢快13.18%。据黑龙江养殖户反映，黑龙江冬季长、饲养期短，将津鲢水花培育至夏花，再以每亩水面放养夏花1万～1.3万尾的密度饲养，到越冬前尾重可达150～200克，且规格整齐。而在同等条件下，长江白鲢越冬前尾重仅130～160克。尽管长江白鲢鱼苗的供苗时间在5月上旬，而津鲢的供苗时间在5月下旬至6月初，比长江白鲢晚10～20天，但将二者培育至夏花并在同一时间出池时，换新的津鲢普遍略大于南方的白鲢。这样看来，饲养津鲢能够减少投入，降低饲养成本，从而提高经济效益。

津鲢好，好在耐寒能力强。鱼种的抗寒能力是十分重要的经济性状，关系着这种鱼能否被广泛养殖。换新水产良种场在选育津鲢时十分注重该品种的抗寒能力。根据辽宁、黑龙江的养殖户反映，换新场的津鲢鱼种从未发生过越冬事故，因此津鲢一直是东北地区重点养殖的品种。

津鲢好，好在经济效益高。将津鲢从水花培育至夏花，每亩放养20万～30万尾，饲养40～50天，育成夏花出池，平均亩产夏花16万尾，每亩水面收益2225元；从夏花培育至春片，每亩放养1万～1.3万尾，培育至春片鱼种出池，平均亩产春片1000公斤，每亩水面收益4900元；将春片放入主养鲤鲫鱼和团头鲂的商品鱼池塘，每亩套养60～300克重的白鲢鱼种200～250尾，饲养至10月末出池，尾重1.5～1.7公斤，平均亩产350公斤，每亩水面收益1900元。

跨越天津、河北、辽宁、黑龙江等4个地区的养殖实践证明，在同等生长环境下，津鲢更具养殖优势。

梅花香自苦寒来

津鲢通过国审并推广养殖，无疑是对金万昆辛勤付出的最大回报。都说梅花扑鼻香，但它需要先经历一番寒彻骨。就拿金万昆的育种工作来说，一年四季都没有清闲的时刻。春天的繁殖季最为忙碌，四五月的车间彻夜通明，所有人都无暇回家，全天守在场里。产卵池旁边的两间小屋子就是金万昆的卧室和办公室，繁殖季时他每天住在车间里，随时观察亲鱼的状态。夏天是亲鱼产后护理的关键期，在金万昆眼里，这些鱼跟自己的孩子一样，需要悉心呵护。秋天是雌鱼鱼卵形成的季节，需要给鱼加强营养。冬天鱼半休眠，要注意给氧。

毫不夸张地说，金万昆用了半辈子的时间和心血来育津鲢，苦是真的苦，但他从来没服过输。金万昆深知，自己是渔民出身，任何时候都不能丢了乘风破浪的血性。他从来没有停下奔跑的脚步，因为他知道，一些重大品种的养殖技术仍在"卡脖子"，而只有把饭碗牢牢端在自己手里，老百姓才可以吃喝不愁。

如今，金万昆用半个世纪的时间选育的这条"津鲢"，已经成为我国北方水产养殖的主要品种，并有力推动着我国淡水鱼养殖业的健康发展。

05 /

"超级鲤"的诞生

> 一条鲤鱼，前面加上"超级"两字，一定颇具意义。那么这条"超级鲤"有什么优于常鱼之处呢？概括来讲就是美在颜值高，壮在体格健，强在收成好！

"罾蹦鲤鱼"是天津菜系中的传统名肴，以带鳞活鲤鱼炸熘而成，因其成菜后鱼形如同在罾网中挣扎蹦跃而得名。其特点是鳞骨酥脆、肉质鲜嫩、大酸大甜，尤其是上桌后趁热浇以滚烫的卤汁时，热气蒸腾，香味四溢，热鱼吸热汁，"吱吱"声不绝，视觉、听觉、嗅觉、味觉俱佳，格外增添食趣。

用什么鱼做食材，决定着这道名菜的成败。

懂行的大厨肯定会说："那还用问，当然是用'超级鲤'啦！"这道天津名菜的精华之处，就是这条大鲤鱼。

这里的"超级鲤"，就是金万昆和换新人培育的津新鲤2号。

17年精磨"一粒种"

选育一条鱼，要考虑其体型、生长速度、抗病性、口感、营养、饲料系数、养殖效益等因素，要坚持在大群体中选育，坚持优中选优，这都需要花费时间。最累人的，莫过于选育期间的每一条鱼，都需要精心照料，同时还要做好详细的数据统计与观察记录。

因此，这些年来，金万昆几乎整天泡在水池边研究各种鱼。培育出这条津新鲤，他花了整整17年的时间。

鲤鱼是杂食性鱼类，生长迅速，在我国广泛分布，是黄河流域省份、江苏北部及辽宁地区重要的养殖和食用鱼类。津新鲤的渊源要从20世纪80年代说起。当时，中国水产科学研究院淡水渔业研究中心的张建森、孙小异培育出了建鲤。这是我国第一个通过杂交选育而成的鲤品种，其食性广、生长快、肉质鲜美，深受消费者欢迎。但这是一个南方鱼种，抗寒能力差，难以在冬季相对寒冷的北方越冬存活。

金万昆在水产杂志上看到建鲤培育成功的消息，欣喜之余下定决心要把这一良种引进到北方。

1988年，金万昆从中国水产科学研究院淡水渔业研究中心引进了建鲤鱼苗175万尾，在换新水产良种场精心饲养，同时进行一代代选优。在此基础上，金万昆带领育种团队以提高鱼种抗寒能力、生长速度、繁殖力等为目标，开始培育适合在北方地区推广的鲤鱼新品种。

经过连续17年的6代选育，金万昆在建鲤的基础上育成津新鲤。2006年津新鲤通过全国水产原种和良种审定委员会审定，成为农业部批准在全国推广的新品种，也是农业部多次遴选的年度主推品种。

津新鲤集多种优势于一身。首先，这种鱼的抗病能力强，在试验研究和中试推广养殖中很少出现疾病，而且饲养成活率高，从仔鱼饲养至成鱼的成活率达85%，饲养至2龄鱼的成活率达98%。津新鲤的生长速度快，相同饲养条件下，1龄津新鲤的生长速度比普通鲤鱼快3.63%，2龄鱼比普通鲤鱼快4.49%。此外，津新鲤的抗寒能力强，在黑龙江等寒冷地区的越冬成活率达到100%。津新鲤还具有很高的营养价值，鱼皮富含β-胡萝卜素，肌肉中蛋白质含量高达18%，还富含镁、锌、硒等多种矿物质和微量元素。

市场是检验产品好坏的金标准。津新鲤培育成功后，黑龙江、辽宁、吉林、河北、内蒙古等地的大型水产养殖场纷纷闻讯前来订购鱼苗，津新鲤的推广养殖量也逐年增加。

记得当时，当张建森、孙小异夫妇看到金万昆育成的津新鲤，经过各项数据的提取与比对，具有100%高纯度时，他们惊叹万分，并深深为这个渔民出身的育种人的科研试验能力折服。

1994年，金万昆对建鲤进行解剖研究

津新鲤2号

水产育种有尽头吗？"做"一条鱼什么时候算是成功了呢？通过国审就意味着鱼做成了吗？金万昆不觉得，他认为这条鱼还有进步的空间。

2002年，在津新鲤的选育期间，恰巧金万昆从天津市水产技术推广站黄港良种试验基地，引进了5龄乌克兰鳞鲤241尾。该品种是1998年由国家水产技术推广总站和天津市水产技术推广站联合从俄罗斯引进的。

金万昆发现，乌克兰鳞鲤经培育、扩繁和考种后，比当时正在养殖的津新鲤生长得还要快，但其体型稍高——乌克兰鳞鲤体长与体高的比值为2.78～2.89，而津新鲤体长与体高比例值为3.20。

鲤鱼在天津又被称为"拐子"，这种鱼习惯紧靠河底游动觅食，碰到渔网、木桩、石头等物喜欢蹦起来。雄鱼长到一斤三四两至一斤七八两的时候蹦得最欢，天津人称这时候的鲤鱼为"顺拐"。体长和体高是鱼种的外部特性，随着人民生活水平的提高，大家越来越喜欢身体线条流畅、体形优美的鲤鱼，也就是常说的"顺拐"。相比之下，乌克兰鳞鲤的体型较扁平，不符合老百姓的饮食习惯。

市场需求正是培育新鱼的着眼点。乌克兰鳞鲤长得比津新鲤快，那么就把它生长快的优势拿过来；津新鲤比乌克兰鳞鲤在外表上更符合消费者的食用需求，那就把津新鲤的外形优点代代选育继承下来。两者一结合，一条生长速度更快、外部特征更好、抗寒力更强的新鱼不就诞生了吗！

当然，这只是理论。在理论的指导下，金万昆用了12年去实践。

他在保护不同类型鲤鱼种质资源的基础上，尝试进行了乌克兰鳞鲤、津新鲤等多种鲤鱼的种内正反交试验，并连续进行1龄鱼和2龄鱼生长对比试验，从中选出了最为优势的组合，取名"津新鲤2号"。

津新鲤2号是经17年选育的津新鲤的升级产品，在保持津新鲤优质基因的基础上具有抗寒、抗病力更强，生长速度更快的特点，经济性状和养殖效益显著提高。在辽阔的东北平原、内蒙古等地，津新鲤2号成鱼能在零下30℃的寒冷环境中存活，业内人士给它起了个响当当的绰号——"超级鲤"！

津新鲤2号是金万昆带领团队历经12年育成的。每年4月到6月是鲤鱼的繁殖季，换新人都会把数十斤重的种鱼迁网捕捞上来，放到催产池里催产。这种鱼的种鱼比同龄的其他鱼体型要大很多，怀卵量和产精量也更多。

金万昆说："津新鲤2号的亲本来自国外的寒冷地区。它的种质本性抗寒，我们引进后，经过几代的选育，经过一代代的精挑细选，它的抗寒能力更强了。"

在津新鲤2号的培育过程中，金万昆在选种、喂食、水质等方面下了不少功夫。为了能掌握鱼儿每天的进食情况，金万昆自己设计了专门用来给鱼吃食的食台。在鱼池里固定四根木桩，再把纱网的四角分别钉在木桩上，一个食台就做好了。食台看似简易，却非常实用，鱼食被撒进池塘后，不会马上沉入池底，而是落在纱网上。这样做一方面节约了鱼食，另一方面有助于研究人员掌握鱼的进食习惯和进食量。

"这些鱼都是我们驯化过的，很听话。"育种场内的鱼池边，工作人员右手拿着小铁锤，左手拿着一个铁疙瘩，"铛铛铛"敲个不停。敲了四五分钟后，他拿起身边装满鱼食的铁盆，一把一把地把鱼食撒向鱼池中，刚才还很平静的水面，顿时沸腾了。

"驯化其实就是为了让鱼能集中吃食。"金万昆解释说，"鱼在冬天进食少，所以喂食不是很频繁。到了夏天，每天喂鱼都要定时定点，喂食的时候得保证所有鱼都能吃到，所以想到了敲铁的方法来驯化鱼群。"

美在颜值高，壮在体格健，强在效益好

一条鲤鱼，前面加上"超级"两字，一定颇具意义。那么这条"超级鲤"有什么优于常鱼之处呢？概括来讲就是美在颜值高，壮在体格健，强在效益好！

津新鲤2号这条鱼长得十分符合大众的审美。笔者曾多次到天津市换新水产良种场，近距离观察津新鲤2号。一眼看上去，津新鲤2号的鱼体健壮丰满，呈纺锤形，头部较小，体长和体高均适中；全身被鳞规则整齐，侧线鳞清晰；体色艳丽，背脊至侧线鳞上方为青灰色，侧线鳞下方为微黄色，腹部银白，尾柄侧线鳞下方为杏黄色；形体似野生鲤鱼，尾鳍呈叉形，上叶青灰色，下叶杏红色。

津新鲤2号体格强健，生长速度快；耐低温，可在冰下0.8米的水体中安全越冬；耐低氧，可在溶氧量1.0毫克/升以上的水体中存活；饲养成活率高，鱼种到商品鱼的饲养成活率达98%，表现出很强的抗逆性能。

津新鲤2号养殖收益高。它的饲料系数低，养殖饲料系数为1.1～1.3。同时，津新鲤2号比普通鲤鱼晚一年成熟，这有利于鱼体增重。

此外，津新鲤2号的养殖效益高，当年即可养成0.9公斤左右的商品鱼，2龄鱼可达到2.5公斤。

2014年，津新鲤2号通过全国水产原种和良种审定委员会审定。2024年5月，农业农村部印发了《农业农村部办公厅关于推介发布2024年农业主导品种主推技术的通知》，推介发布了150个农业主导品种。其中，津新鲤2号再次被遴选为农业农村部2024年主导品种。截至2024年，津新鲤2号依靠抗病性强、生长速度快、养殖产量高、效益好等优势，已在全国26个省区市推广养殖。

06 /

> 金万昆的头脑里始终有品种创新的想法："新品种，就是原有国家种以外的种。工作得有个创新吧，在社会的发展进程中如果你不去创新，等于你自身的停滞，等于生命的死亡，这是我个人的认识。用这个道理去逼迫自己创新，就得慢慢研究。育种难度是很大的，特别是在水产上，花十年八年育个种那是很快的速度了。"

鲫鱼是人们餐桌的常客，它虽然刺多，但肉质细嫩，鲜而不腻，广受人们喜爱。

从百姓最需要的事入手

鲫鱼因味道鲜美、营养丰富而深受广大消费者喜爱，市场售价始终高于与它养殖成本基本持平的鲤鱼。但美中不足的是鲫鱼生长速度缓慢，远远低于同龄鲤鱼的生长速度，产量不高，驯化难度高于鲤鱼，而且越冬成活率低。

从消费者的角度看，老百姓将鲫鱼俗称为"鲫瓜子"，那为什么不叫"鲫花生""鲫黄豆"呢？因为"瓜子"的个头最小。常去菜市场的人可能会注意到，水产摊上的鲫鱼往往是放在小盆里卖的，普遍只有巴掌大，个头小的也就寸把长。再看看其他水槽里的鱼，鲤鱼、草鱼、白鲢、花鲢，一个个"膀大腰圆"。

再从养殖户的角度看，大家养殖鲫鱼的积极性始终不高，只有极少部分养殖户采用颗粒饲料驯化养殖，多数水产养殖场则将鲫鱼与其他水产套养，以起到降本增效的作用。

金万昆研究水产育种，始终着眼于老百姓和养殖户最需要的事。他站在老百姓的角度考虑问题，把群众吃好鱼、养殖户养好鱼的"小事"，当成他自己和换新人心头的"大事"。

他在笔记本上写下新的工作目标：研究出一种消费者和养殖户都认可的鲫鱼新品种。他停下笔，抬头望向窗外。望着换新水产良种场，望着这方占地800多亩的"蓝色王国"，金万昆陷入了沉思：这种鲫鱼新品种应该具备哪些优势呢？

第一个优点应该是生长速度快，这样养殖成本低，也能保证老百姓口福不断。第二个优点应该是适应性强，不论是黄土高原还是江南水乡，都能够推广养殖。第三个优点就是营养价值高，这不仅能满足消费者对健康食品的需求，还能提升鲫鱼的食用价值和市场竞争力。

虽然金万昆明确了下一步的育种计划，但这个鲫鱼新品种不会自己从笔记本里蹦出来。在设想与成果之间，还有一个巨大的鸿沟需要跨越，那就是长年累月的实践。

前文说到，1994 年金万昆克服种种磨难，从祖国的天南海北将四大名鲫引进到换新水产良种场。当年的引进工作是为了在北方进行四大名鲫的异地保护、苗种繁育及养殖试验，这为鲫鱼新品种的选育提供了客观条件。但鲫鱼本身生长速度较慢，至少需要饲养两年才能上市，并且随着养殖密度的增大、水环境的变化和种质衰退，鲫鱼病害频发，养殖户甚至一度出现亏本的窘境。

金万昆特别注重养殖户的反馈，尤其关注养殖过程中出现的困难。为了培育出生长速度快、抗病力强的鲫鱼新品种，为养殖户排忧解难，金万昆于 1999 年开始带领换新水产良种场的科研团队培育鲫鱼新品种。

扑腾出这个"新水花"不容易

鲫、鲤同属我国淡水养殖鱼类的优良品种，都具有味道鲜美、营养丰富、抗病力强、食性广、适应性强等优点。鲫鱼的生长速度较慢，而鲤鱼的生长速度虽然快，但其食用价值不及鲫鱼且不易起捕。为了获得生长速度快、食用价值高的优良品种，鲫鲤杂交就成了培育良种的首选手段。我国自 20 世纪 50 年代后期开始进行鲫鲤杂交试验。在不断总结经验的基础上，业界人士逐渐认同鲫鲤杂交后代的优势，也孕育了很多科研成果。20 世纪 90 年代中期，江西水产科技工作者育成"远缘鲫"，这给了金万昆很大的启发。

金万昆根据鱼类遗传学原理，运用鲤鲫鱼属间远缘杂交技术，设计了 258 项杂交组合。经过反复试验，他从中筛选出了一些具有明显杂交优势的组合进行子代的培育，进而继续试验、筛选、培育子代。漫长的择优筛选后，他终于找到了最具优势组合子代。这一子代体色金黄，体形似鲫鱼，因此金万昆将其定名为"黄金鲫"。

在培育黄金鲫的八年里，金万昆带领换新人做了数不清的试验，归结起来大致分为四类。第一是对各杂交组合的亲和力进行比较，判断不同个体之间是否能顺利结合以及后代的生命力强弱。第二是各组合子代性能的试验，包括体型、体色、生长速度、整齐度、产量、饲养成活率、饲料系数、越冬成活率等。第三是生产性试验，在两个不同的地区选两个以上的试验点进行小规模生产。第四是杂交种的可育性检测，国家明确规定杂交种只能在人工可控的水体进行养殖，以免其逃逸到天然水体，对水体内的土著品种和生态环境造成影响。

一个品种从育种目标的设计到国家审定、批准推广养殖，这期间有大量的工作要做，其中的艰辛也许只有亲历者才能体会。作为育种工作者，金万昆始终秉持严肃谨慎的态度，公平公正地评判每个品种的数据和性能。他的初心很简单，就是通过育良种，让老百姓吃好，让养殖户致富。

黄金鲫好在哪里

黄金鲫同时克服了普通鲫鱼生长速度慢和鲤鱼食用价值低的缺点，在中试期间即受到养殖户的普遍欢迎，供不应求。同时，黄金鲫的多抗性使它可以在全国范围内的淡水池塘养殖且产量优异。

2007 年，黄金鲫通过了全国水产原种和良种审定委员会审定。在考察了黄金鲫的各项数据后，著名水产育种专家沈俊宝赞叹不已，称其为"百余年来鲤鲫杂交最成功的组合"。推广养殖后，黄金鲫很快成为全国各地淡水鱼养殖户争相订购的鱼类品种。

那么，黄金鲫具体有哪些优势呢？

一是生长速度快。由于黄金鲫是杂交品种，无生殖功能，所以其从饲料中吸收的营养均用于自身生长。因此，黄金鲫的生长速度特别快，当年放养的夏花年底可养成600克的商品鱼，比彭泽鲫的生长速度快2.01倍，比父本红鲫的生长速度快2.42倍。统计表明，养殖两年的普通鲫鱼体重约400克，而养殖两年的黄金鲫鱼体重约1500克。

黄金鲫因其长得快、养殖周期短、成本低，所以能为养殖户带来可观的经济效益。同时，由于黄金鲫的性腺发育不完全，所以它不会与亲本混交而对养殖区域鲤、鲫鱼类产生生态风险。

二是适应性强，主要表现为"两强一高"。黄金鲫的抗病能力强，从目前已推广养殖的地区看，这种鱼不易发病且未发生大规模病害。因不易发病，所以黄金鲫的池塘养殖成活率高。从水花至夏花，成活率达65%；从夏花至秋片，存活率达85%；从秋片至商品鱼出池，存活率达98%。黄金鲫的抗逆性能强，耐低氧，当养殖水体溶氧量在3～4毫克/升时，其仍能正常摄食生长；耐低温，能在水温1.5℃、冰下水位1.2米的环境中安全越冬；易于运输，在运输过程中没有应激反应，不掉鳞。黄金鲫的饲料转化率高，它属于杂食性鱼类，食性和消化能力继承了双亲的优势，饲料系数低，有着天然的集群摄食习性，很好驯化，吃食老实、不怕声响，减少了饲料浪费。

三是营养价值高。黄金鲫肉质紧而细嫩，味道鲜美，营养价值高。其含肉率高达71.33%，肌肉蛋白质含量为18.61%，17种氨基酸总量为17.66%，因此黄金鲫深受消费者欢迎。

四是易垂钓。黄金鲫的外形优于普通鲫鱼，体色艳丽，并且性情温和，不善跳动，容易上钩。所以除了供人们食用外，黄金鲫还适于垂钓，是休闲渔业的好品种。

鲫鱼穿金衣，效益胜一筹

自推广养殖以来，黄金鲫便以其突出的优势，成为养殖户致富的首选鱼种之一。据记录，一位江苏省宿迁市的黄金鲫养殖户于2009年4月25日购进天津市换新水产良种场的黄金鲫水花510万尾，放入两个池塘养殖，一个12亩，另一个近11亩。至同年5月8日出池，获每公斤1780尾的夏花苗种290万尾。以每尾0.045元的价格出售260万尾，收入11.7万元。其余30万尾又放入这两个池塘继续饲养，至转年3月10日出池，获尾重200克的春片鱼种5.4万公斤，以每公斤10元的价格出售，收54万元。两次出售收入共65.7万元，减去所有的养殖成本36.225万元，平均每亩利润1.28万元。

黄金鲫池塘混养草、鲢、鳙鱼，通过合理放养和管理，能够提高饲料转化率，节约水体与成本，提高水产品质量和养殖效益，是一种新型养殖模式。福建省大田县水产技术推广站的技术人员，于2019至2020年在大田县上京镇桂诚养鱼合作社养殖基地开展池塘主养黄金鲫生态养殖技术指导，以黄金鲫为主导品种，搭配少量草、鲢、鳙鱼，试验面积20亩，亩产量达2200公斤，每亩利润7100元，取得较好的经济效益。

"黄金鲫"这条鱼，给全国广大水产养殖户开辟了一条增收致富的"黄金"之路。在育种上，金万昆一直坚守着"让养鱼人好养，吃鱼人爱吃，卖鱼人好卖"的信念。岁月在试验工作中飞逝，但他的思想却与日俱新。金万昆的头脑里始终有品种创新的想法："新品种，就是原有国家种以外的种。工作得有个创新吧，在社会的发展进程中如果你不去创新，等于你自身的停滞，等于生命的死亡，这是我个人的认识。用这个道理去逼迫自己创新，就得慢慢研究。育种难度是很大的，特别是在水产上，花十年八年育个种那是很快的速度了。"

"卖你这碗鱼苗，还不够我付水费"

黄金鲫鱼苗价格低廉，1万尾水花仅售60元。

育种是一项需要投入大量人力、物力的工作。一种鱼要实现批量生产，至少要保存1万条种鱼，而这1万条种鱼是以万分之零点五的比例被一条条挑选出来的。选育群体的数量尚且能通过计算得知，但育种期短则数年长则数十年，这期间的人力花费、心血消耗、资金投入却是无法用具体的数值统计的。因此，每1万尾鱼苗卖60元的销售收益可谓低之又低。

大江南北的养殖户里有众多金万昆的支持者。这不光是因为换新的鱼种好，更重要的是金万昆的人格魅力让人拜服。每年的卖苗季，金万昆都亲自给前来买苗的养鱼人"打碗"售鱼苗，遇到多次来买苗的熟人，他会开玩笑地打趣："卖你这碗鱼苗，还不够我付水费的钱呢！"

一次，有位老熟人来买鱼苗。金万昆递上一根烟，那人高兴地接过，先是放在鼻子下边闻了闻，又拿到眼前眯着眼看了看香烟的牌子，开玩笑地说："哟，全国著名的水产育种专家，国家级大场的场长，才抽5块钱一盒的烟？您不会是兜里揣着好烟，不舍得往外散吧？"

金万昆听后哈哈大笑，拍了拍自己的衣兜，以证清白。

鱼苗的定价权掌握在金万昆手里。作为一家自负盈亏企业的领导，他需要给场里的所有员工发工资并维持企业的正常运转，理应重视市场与盈利。可事实证明，他从来不尊重市场规律——换新场主导品种津新鲤2号、黄金鲫、德国镜鲤、津新鲫等苗种，自从售卖以来，时至今日都没有涨过一次价。

07 /

> 金万昆心里一直有个执念：不管是种庄稼还是养鱼，没有良种绝对不行，还是那池水面，养的鱼更多更好，这就是良种的价值，也是育种人一生坚守的意义所在。

金万昆心态一直很年轻，他喜欢观察生活，观察市场，坚持学习，始终带着热情去探究社会生活的变化。他总能抓住人们的审美观念、行为习惯、消费心理，持续打造深受养殖户和消费者喜爱的鱼。

20世纪90年代中期，金万昆突发奇想：黑豆、黑芝麻、乌鸡等黑色食物对人体有益，很受欢迎，那是否可以培养一条黑色且营养价值更高的鱼？于是，又一次漫长的育种开始了。

金万昆带领换新水产良种场的科研人员，采用常规育种和生物技术育种相结合的方法，通过异源交配、改良遗传、重新组合的技术手段，历经12年的反复试验，终于育成我国首个兼具食用与观赏价值的黑色鲫鱼新品种——津新乌鲫。

津新乌鲫由鲫鱼和鲤鱼杂交而成，于2013年通过全国水产原种和良种审定委员会审定，是目前换新水产良种场的热销品种之一，拥有抗病力强、易养殖、易运输、营养价值高等诸多优点。

我们常见的鲫鱼大多是银灰色的，看起来平平无奇，和观赏鱼一点也不搭边，而津新乌鲫却非常漂亮。这种鱼体色新颖，几乎通体乌黑，连鱼鳍都是墨色的；体形匀称且性格安静，游姿典雅，极具观赏价值，因此有"水中黑玫瑰"的美称。

除了好看之外，它还具有非常高的营养价值。

津新乌鲫含有丰富的小肽。小肽因其结构简单，分子量小，所以能够直接进入人体细胞，从而有效提高细胞活性。小肽还能增强人体免疫力，消除过度活跃的自由基，延缓人体衰老。从具体数值上看，津新乌鲫的肌肉中蛋白质含量为18.8%，高于彭泽鲫等普通鲫鱼；氨基酸含量为17.7%，4种鲜味氨基酸齐全且含量高，因此肉质细嫩，口味鲜美；肌肉中含有11种不饱和脂肪酸，占总量的66.975%；富含钙、镁、钾、锌、铜、铁、硒等元素，其中钾含量最高，而钾在促进人体心脏健康中扮演着关键角色。

金万昆偏好采用异源交配的育种方法，即在不同种之间进行杂交试验，这样培育出的品种往往抗病力更强，营养价值更高。但异源交配也意味着试验难度更大，培育周期更长。在换新人的印象里，好几次一池子鱼全死了，但金万昆从未想过放弃，坚定地带领大家从头再来。因为他心里有个执念：不管是种庄稼还是养鱼，没有良种绝对不行，还是那池水面，养的鱼更多更好，这就是良种的特殊价值，也是育种人一生坚守的意义所在。

08 /

天津市首个国家级水产良种场

一辈子做好一件事——『鱼爷爷』金万昆纪事

> 2002年7月，由当时的农业部、天津市农委、水产办及宁河县有关领导组成的专家组，对天津市换新水产良种场进行验收。经过严苛的考核，天津市换新水产良种场以91.8分的高分顺利通过专家组验收，成为天津市首个国家级水产良种场。

2024年6月底，笔者再次来到换新水产良种场，目的是向换新的同志当面请教一些问题，整理一些素材。

过了夏至，天气闷热。走进场大门，映入眼帘的是一片蓝色和绿色的世界，这是属于鱼儿和水的颜色，让人顿觉清爽。抬眼望去，在场区的最高点，那高高的蓝色水塔上，有一杆由鱼头形铁片固定的鲜红的小旗帜，迎着风高高飘扬。我知道这是渔民的老传统，他们管这个旗子叫"鳌鱼儿"。这是渔船桅杆上的风向标，也是金万昆这个渔民出身的水产育种专家不忘根本的标志，更是属于换新独有的浪漫——这占地868亩、有效水面520亩的国家级水产良种场，正如金万昆驾驶的一艘渔船，乘风破浪，"鳌鱼儿"迎风招展。在"鳌鱼儿"的下面，"艰苦创业"四个大字十分醒目。

桅杆上的风向标——鳌鱼儿

旧时的渔船除了船体以外，还有许多必要装置，有用于推动船只前行的帆、桨，停靠时所用的铁锚，控制航行方向的舵，还有一个特殊的装置——用于观测风向、风力的鳌鱼儿。

为什么称风向标为鳌鱼儿？据老渔民介绍，这有请鳌鱼镇海、保平安之意。鳌，是传说中的巨兽。李白《猛虎行》写道："巨鳌未斩海水动，鱼龙奔走安得宁。"刘禹锡也曾有诗云："鳌惊震海风雷起，蜃斗嘘天楼阁成。"足以见得人们对这一海兽的崇敬与畏惧。

鳌鱼儿不仅是风向标，也是各船家的标志。每户人家渔船上的鳌鱼儿颜色是有区别的，有红旗、黄旗、绿旗、蓝旗等，也有红黄、黄绿、红蓝等不同色彩的搭配组合，远远一望便知道是谁家的船或哪个村庄的船队。

以前打鱼，渔夫必须深谙水路的航行技巧，才能平安绕过暗礁险滩，同时还要具备丰富的气象知识，这不仅是保证渔获的关键，还关系着船员的生命安全。渔民出身的金万昆继承了渔船上的很多传统，即使他早已远离当年的生产和生活环境，他也常说："我是渔民出身，任何时候不能丢了渔民乘风破浪的血性。"

水产良种繁育"国家队"

20世纪90年代以来，国家开始投资建设各类水产原种、良种场。到21世纪初，已建成国家级水产良种场20余个，省级良种场100多家，水产良种体系的框架已初步形成。一些规模大、科研水平高的良种场，成为我国水产养殖业科技示范的亮点和对外展示的窗口。

国家级水产良种场经农业部认定挂牌，主要负责保存一定数量的良种基础群体，按照生产标准和操作规程培育良种亲本和苗种并向水产繁育单位提供，满足社会需要。国家级水产良种场是我国水产良种繁育的"国家队"，在水产养殖业中发挥着重要作用。

记得那是 2002 年 7 月，由当时的农业部、天津市农委、水产办及宁河县有关领导组成的专家组，对天津市换新水产良种场进行验收。经过严苛的考核，天津市换新水产良种场以 91.8 分的高分顺利通过专家组验收，成为天津市首个国家级水产良种场。

坚持，是一条快车道

金万昆和换新人用了 50 多年选育津鲢，17 年选育津新鲤，12 年选育津新鲤 2 号，8 年选育黄金鲫，12 年选育津新乌鲫，这种不计成本、耐得住寂寞、持之以恒做一件事的精神，最是难能可贵。

坚持是一条漫长的道路，但也唯有坚持才是通向成功的快车道。很多时候，是否成功不在路程的远近、力量的大小，比拼的也不是一时的速度，关键在于能否坚持到底。胜利往往就产生于"再坚持一下"的努力之中。金万昆和换新人坚持的脚步，不仅稳，而且快，一步一个脚印，一步一个新台阶。

1999 年，换新水产良种场成为天津市市级水产良种场。

2002 年，换新水产良种场晋升为国家级水产良种场。

2012 年，换新水产良种场作为唯一一家企业代表，参与了国家水产科技基础条件平台——淡水鱼类种质资源平台建设，成为"淡水鱼类种质资源华北分中心"和"天津市淡水鱼类种质资源活体保存库"。

2013年，换新水产良种场被农业部批准为全国现代渔业种业示范场和全国水产健康养殖示范场。

2014年，换新水产良种场被天津市科学技术委员会授予"天津市淡水鱼类遗传育种企业重点实验室"。

2022年，换新水产良种场被农业农村部遴选为"全国水产种业'强优势'阵型企业"。

金万昆将换新水产良种场从一个村办企业，建设成为天津市首个国家级水产良种场。如今的换新，四分之三的水面已建成生态绿色标准化培育池塘；场区里道路两侧白杨挺拔、绿柳婆娑，池周栽种着冬青、石榴、柿树、玉兰、月季，春日花香四溢，夏季绿意盎然，金秋成熟的石榴、柿子像一盏盏小巧可爱的红灯笼挂满枝头。科研办公楼前的小广场上，130多米的科技长廊展示着换新人不忘初心、艰苦奋斗、创新发展、屡建辉煌的发展历程……

09 /

北方唯一鲤鲫鱼遗传育种中心

> 《礼记·中庸》:"诚之者,择善而固执之者也。"意思是选择美好、正确的目标,执着追求,坚持不懈。

如果说培育良种是发展水产养殖业的根本,那么技术革新便是培育良种的关键。

换新水产良种场在金万昆这个"船长"的带领下破浪前行,成为业内乃至全国闻名的科技领先企业。换新,以国内培育新品种的绝对数量优势不断"焕新"发展,其产品不仅在全国销售,而且出口东南亚、欧洲各国。

天津换新,"焕新"出发

2008年4月,经国家发改委批准,农业部投入400万元支持换新水产良种场建设天津鲤鲫鱼遗传育种中心。此外,天津市政府也批准其为天津十大种业基地之一,并投资1388万元,重点建设天津市淡水鱼类良种繁育基地。在国家政策的支持下，换新水产良种场内先后改建了中心实验楼、苗种生产试验车间；建成了幼体家系培育系统、亲本培育系统、成体定向交配系统；修建了种质资源保种池塘和场区道路，实现了科研区、生产区、生活区的各自独立；新建了实验室，购置多套细胞遗传学、生化遗传学和分子遗传学等学科试验用仪器。

2011年9月1日，这是换新场值得记录在册的一天。1932年出生的老场长金万昆，已经79周岁了。这一天，他穿戴整齐，精神抖擞，笑容满面，迎接来到换新水产良种场的客人们。这一天，天津市水产局组织有关专家在换新场对农业部"天津鲤鲫鱼遗传育种中心建设项目"进行了竣工验收。这是国家水产原良种体系建设布局中，北方唯一的鲤鲫鱼遗传育种中心，它的建成全面提高了换新场的育种科研发展水平。遗传育种中心将与天津市水产研究所合作，并邀请天津农学院等院校专家组成产、学、研联合体，把我国鲤鲫鱼遗传育种、良种生产和养殖推广做大做强。

据当时的换新水产良种场办公室主任付连君介绍，天津鲤鲫鱼遗传育种中心的建成，从三个方面对换新场进行了提升。一是提升了场内基础设施建设的水平，新建繁育生产车间1644平方米，改建育种实验楼1003平方米，建设标准化池塘4005平方米，修建场区道路4000平方米，新建室内外供排水管道2000米，购置仪器设备106套，帮助换新实现了基础设施现代化。二是提升了换新场的自主创新能力。遗传育种中心建成后，60余项以鲤鲫鱼为主的遗传育种试验研究陆续展开，改良和培育新品种2个，全国最大的淡水养殖鱼类种质资源库建成，换新成为全国最具实力的鲤鲫鱼遗传育种技术平台。三是提升了换新场苗种生产与推广能力。遗传育种中心建成后，年苗种生产推广量达25

亿尾，比之前提高了48%，推广地区覆盖全国27个省区市，推广面积达80万亩，产生经济效益230亿元，带动了2万余人就业。换新成为全国最大的以鲤鲫鱼为主的淡水鱼类优质苗种生产推广基地，对我国水产养殖业健康可持续发展发挥了重要作用。

换新水产良种场正在焕新出发。在生产技术上，黏性卵脱黏技术、鱼巢仿真技术、苗种高密度孵化技术等一系列先进技术构建了"换新水产"完整的苗种产业化技术体系。依靠这个体系，"换新牌"淡水鱼苗种年繁殖生产能力可达到40亿尾。在种苗培育上，换新的科研人员创立"逐代选育法"，在6万尾亲鱼中实行"良种选良，优种选优"。在种苗繁殖上，换新拥有现代化苗种孵化车间，配有14个孵化环道，每批次可孵化鱼苗1.5亿尾。

市场是最好的检验者。每年的繁育生产季节，来自四川、福建、江苏、浙江等南方渔业大省的大货车，不远千里来到换新，拉上几亿尾不同鱼苗后满载而去。南到云南、北至黑龙江、西达新疆，换新水产良种场的一尾尾小鱼苗，从天津宁河出发，游向全国！

拿下两个"一"的背后

金万昆总是身体力行，时时告诫换新水产良种场的员工，搞科研、做试验、养种鱼容不得半点虚假和马虎。一位换新的员工回忆："在选种方面，老场长要求非常严格。我记得有一次选育津新鲫的时候，标准是32个侧线鳞，结果我们选种鱼时少数了一个鳞片，选出一条31个鳞片的，老场长发现之后狠狠批了我们一顿。"

金万昆对科学和客观规律的"固执"是出了名的，正如《礼记·中庸》所言："诚之者，择善而固执之者也。"意思是选择美好、正确的目标，执着追求，坚持不懈。从天津市第一个国家级水产良种场，到北方唯一的国家级鲤鲫鱼遗传育种中心，这两个"一"的背后，是金万昆和换新人几十年扎扎实实的不懈努力，更是金万昆这位老场长坚守"固执"本心的最好诠释。

"凡事预则立，不预则废。"每年的年终岁尾，金万昆都要制定下一年度的生产计划和育种科研计划，数十年如一日。他没有什么秘诀，不过是握紧一个"实"字，然后日复一日地踏踏实实做事。

10 /

范蠡科学技术奖

良种需要良法养。要知道，"育好鱼"和"养好鱼"是两个概念。要想做好渔业持续健康发展的下半篇文章，必须做好高效养殖技术的推广与应用。基于此，金万昆在培育淡水鱼新品种的同时，致力于推广相应的科学养殖技术。

2019年11月，金万昆带领换新科研人员完成的"黄金鲫育种研究苗种产业化生产高效养殖技术推广与应用"项目，荣获中国水产学会范蠡科学技术奖技术推广类二等奖。

范蠡科学技术奖是中国水产学界的最高荣誉，于2007年经科技部、国家科学技术奖励办公室和农业部批准设立。这一奖项旨在奖励对渔业科技进步、技术推广和科学普及做出突出贡献的优秀成果与科研人才，在调动广大水产科技工作者积极性、促进渔业科技成果转化应用等方面发挥了重要作用。

2019年，金万昆87岁。人生一个甲子又27年，应早已含饴弄孙，颐养天年。而金万昆仍然奋战在育种第一线，壮心不已，志在千里。王安石有诗云："岁老根弥壮，阳骄叶更阴。明时思解愠，愿斫五弦琴。"这便是金万昆将近鲐背之年的真实写照。

良种需要良法养

夏天的换新水产良种场绿树环绕，池塘碧波荡漾。

"换新牌"优良苗种早已在全国推广。可良种需要良法养。要知道，"育好鱼"和"养好鱼"是两个概念。要想做好渔业持续健康发展的下半篇文章，必须做好高效养殖技术的推广与应用。基于此，金万昆在培育淡水鱼新品种的同时，致力于推广相应的科学养殖技术。

"一粒好种"诞生后，如何走进千家万户？如何切实满足广大养殖户的实际需求？关键在于推广，在于要把良种良法养殖技术送到养殖户身边去。金万昆在全国各地建立了"换新牌"苗种养殖推广示范基地60余家，每年对基地工作人员进行技术培训，以带动周边养殖户实践良种良法并行的绿色养殖。忙碌的繁育季结束时，他就组织技术服务小分队，跑遍全国重点淡水鱼养殖地区，上门服务，征求意见，解决问题。同时还利用媒体平台宣传推广新品种。

2010年前后，中央电视台曾以《大个黄金鲫》《黄金鲫养殖技术》《当年上市的大鲤鱼》等为题，多次专题报道金万昆培育的淡水鱼新品种和养殖技术，对宣传良种产生了广泛的社会作用。

2021年4月，农业农村部发布《农业农村部办公厅关于实施水产绿色健康养殖技术推广"五大行动"的通知》，决定在"十四五"期间组织实施生态健康养殖模式示范推广、养殖尾水治理模式推广、水产养殖用药减量、配合饲料替代幼杂鱼和水产种业质量提升等水产绿色健康养殖技术推广行动。为了积极响应国家政策，金万昆专门拿出津新鲤2号和黄金鲫两个换新自主培育的优良品种，在天津市开展绿色养殖模式、养殖技术示范，使周边水产养殖户获得实实在在的效益。

不忘初心　牢记使命

农，天下之本，务莫大焉。我国自古以农立国，创造了源远流长、灿烂辉煌的农耕文明，长期领先世界。渔业，从农林牧副渔的末位，到大食物观的重要组成部分，在人民的饮食生活中变得越来越重要。

金万昆，这位矢志民族种业振兴的水产育种专家，这位在水产养殖事业上兢兢业业奋斗了半个多世纪的老共产党员，把全部心血倾情奉献给了祖国的水产事业，始终奋斗在水产育种的第一线。

在一次采访中，金万昆说："我总觉得人活在世上，最重要的不在于他活的岁数大小，关键是他起的作用是什么，他的价值是什么。要给人民创造价值，给社会创造价值。不忘初心、牢记使命。我们应该这么干。"

11 /

种子的"芯"愿

> 常言道"老树发新枝"。换新人关于种子的"芯"
> 愿，因着金万昆老场长这棵"老树"的无私荫庇，
> "新枝"吐翠，绿意勃发，终将代代传承。

农业现代化，种子是基础。

渔业种质作为农业种质资源的重要组成部分，是水产良种培育、渔业产业发展及渔业科技进步的基础。建设现代化的渔业种质资源库，则是保护优良种质资源、实现种质资源可持续利用的必要途径。

淡水鱼类种质资源保护是其中的重要一步，而保护工作的最终目的，是把淡水鱼类丰富的种质资源转化为创新优势，从而牢牢握紧种子的"芯片"，最后形成渔业发展的产业优势。

所以，改革开放以来，金万昆在研究水产育种的同时，也在同步进行收集、保护淡水鱼类种质资源的工作。哪怕这些鱼类资源当下可能用不上，金万昆也毫不犹豫地引进、养殖、保种，因为他深知这样做的意义——每个品种都有其独特的遗传基因优势，只是实际利用价

值还有待挖掘。种业之争的本质是科技之争，焦点是资源之争，谁占有更多种质资源，谁就掌握育种研究的优势，从而拥有种业竞争的主动权。

一定程度上讲，保护生物多样性，就是保护人类自己，保护鱼类种质资源，就是保护人类赖以生存的优质蛋白质的生产源泉。假如鱼类多样性丢失，鱼类的进一步改良将因缺乏素材而难以进行。要知道，只有在鱼类多样性基础上，科研人员才能通过现代化技术培育出新的鱼类品种，从而不断扩大渔业生产的基础支撑，满足人民群众的食用、观赏、休闲需求。

淡水鱼类种质资源库的建设，为我国重要养殖鱼类的种质遗传改良、提纯复壮和选育新品种提供保障，能大大提高鱼类优良品种的覆盖率。因此，金万昆和换新人数十年如一日，为保护淡水鱼类种质付出努力，从国内外引进名种、野生种，建设了以鲤鱼、鲫鱼为主体的淡水养殖鱼类种质资源库。库中的每个品种都保存了一定群体，并设专池培育、专人管理。科研人员对引进的鱼种进行了形态学特征、生活习性和遗传学性状等实验观察和测定，同时进行了亲鱼培育、人工繁殖和苗种生产、商品鱼养殖和病害防治等生产应用方面的试验研究。

2015年1月，在换新水产良种场的会议室里，来自天津市水产行业的专家们听取金万昆关于大宗淡水鱼类保种场项目的情况汇报，随后对保种场项目进行了现场察看，一致通过了项目评审。

早在2015年以前，换新水产良种场就已依托天津市水产研究所和天津农学院，开展了多年的大宗淡水鱼类保种育种工作。在这基础上建设保种场，使换新的种质资源得到了进一步的开发利用。同时，金万昆与换新人加强对淡水鱼类土著种、珍稀种、原种等群体野生资源的合理保护，加速品种开发和创新，致力于促进渔业结构调整和增产增收。

从优异的性状到优质的新品种，选育过程艰辛又漫长。现如今，112个品种25万余尾活体鱼，被养殖在换新场的池塘里。这是金万昆一手建立起来的淡水鱼种质资源活体保存库，这也是新一辈换新人"做新鱼"的底气所在。

金万昆用一生的时间，留下了11个国审新品种和10项专利证书。"做"鱼的本领已从老场长那里，完完整整地传承到了新一辈换新育种人的手中。

常言道"老树发新枝"。换新人关于种子的"芯"愿，因着金万昆老场长这棵"老树"的无私荫庇，"新枝"吐翠，绿意勃发，终将代代传承。

第四章

奉献者：奋斗终一生

01 /

为中国的水产种业奋斗到底

> 2023年6月，在天津市宁河区融媒体中心的一次采访中，已经91岁高龄的金万昆动情地说："入党的时候说为党的事业奋斗终身，那你（怎么能）嫌冤了、嫌苦了、嫌累了？只要我不停止呼吸，最后一分钟，我也为中国的水产种业奋斗到底。"

事物的发展，往往是螺旋式上升、波浪式前进的，遇到"拦路虎"在所难免，一时的阻碍与远大的目标比起来，算不得什么。顺风驶船时要做到"好风凭借力"，开足马力加速前行；逆水行舟时更要用力划桨，创造条件上、创新方法干。

渔业要振兴，良种必先行。种业是农业的"芯片"，水产良种亦是渔业高质量发展的关键。金万昆自从受杨扶青副部长启发而搞育种之后，就一直坚持在这条道路走下去，从未动摇。

然而，现实世界充满考验。那是20世纪90年代中后期，市场经济云谲波诡，水产业的行情随之变化，搞水产育种渐渐不如养殖成品鱼收益大。因此，许多国家级育种场纷纷停产、转产，或开辟新产业。

金万昆和换新水产良种场同样面临着艰难的抉择：一方面是换新几十名员工背后一个个家庭的生计，另一方面则是换新担负的为中国淡水鱼养殖事业培育良种资源的社会责任。而恰恰这个时候，作为早已经声名远播的水产育种专家，金万昆多次收到全国各地大型水产养殖场的高薪聘请，有的给他开高工资，有的给他发年薪，有的给他配进口小汽车。可金万昆不为所动，面对着市场经济的残酷现实，金万昆选择继续坚守在换新，继续搞鱼苗孵化和水产育种，同时尽场里所能为前来购买鱼苗的养殖户让利。

现任换新水产良种场党支部书记孙杰对当时的境况记忆犹新。

自从1996年来到换新水产良种场担任会计以来，她和金万昆场长共事长达27年。记得那时孙杰刚来不久，正值鱼苗孵化期，但很多来换新买鱼苗的养殖户面露难色，犹豫不决。金万昆知道他们的难处，于是大手一挥："大家伙儿别担心，咱们有钱买苗，没钱也买苗。实在不行你们把苗先拿回去，等秋后养好卖了好价钱再给鱼苗钱，养不好就不要钱了。"

孙杰统计后发现，当年赊给养殖户们的鱼苗款，共计有100多万元。也就是在那一年，换新的账上差点开不出工资。当时孙杰特别不理解：为啥把难处留给自己，却把方便都让给了养殖户？

原因很简单。如果换新不能提供优质鱼苗，养殖户就没有好苗可饲养，就没有办法生产优质鱼供应市场，消费者也就买不到好鱼，养殖户也就无法获得足够的利润来维持下一周期的生产——这将是一个恶性循环。

所以，金万昆坚定地说："不让养殖户赚到钱，你就是把场子修成金殿也是白搭。"也就是从那个时候开始，金万昆定下一个规矩：每年以低于市场均价的价格，给换新场的优质苗种定价。这样算下来，每年换新给养殖户们的让利足有几十万元。

金万昆从来不算这些小账，他始终钟情于水产育种事业，无论遇到何种考验，他都毫不动摇。2023年6月，在天津市宁河区融媒体中心的一次采访中，已经91岁高龄的金万昆动情地说："入党的时候说为党的事业奋斗终身，那你（怎么能）嫌冤了、嫌苦了、嫌累了？只要我不停止呼吸，最后一分钟，我也为中国的水产种业奋斗到底。"

02 /

韩亮的眼泪

> 韩亮是有私心的，他心疼已经91岁高龄的师父，怕车间的排水声吵醒他。但后来韩亮恍然大悟，哗哗的流水声和鱼儿们的拨水声，在师父的世界里并不是噪音，而更像一剂特殊的安神剂。袁隆平的"禾下乘凉梦"已经实现，而金万昆的"年年有鱼梦"，在他和新一辈育种人的不懈追求下，也将一步步变为现实。

谈起在换新的工作，90后的韩亮总是满脸自豪："一般的水产良种场能有三四个通过国家审定的新鱼种就很不错了，而我们换新场，在师父他老的带领下，有11个通过国审的水产新品种。"

韩亮口中引以为傲的师父，就是"鱼爷爷"金万昆。

作为土生土长的宁河人，韩亮自从2016年大学毕业后，就来到换新工作。专攻水产养殖学的他成绩优异，按理说应该有更广阔的发展平台，可他却选择了家乡宁河的民营企业——天津市换新水产良种场。

当我问及为什么选择换新的时候，韩亮坦诚地回答："我打小就听说过师父的故事，在大学期间又读过他老的著作，作为宁河人，我打心眼儿里崇拜他老，所以大学毕业后就来了。"

在换新工作的这几年里，金万昆手把手教韩亮选择种鱼、观察亲鱼。在韩亮的回忆里，师父像亲人，像自己的亲爷爷，虽已到鲐背之年，仍然坚持在一线指导自己的工作。换新的生产车间里，两个"90后"在一起工作时，常常是这个年长的"90后"照顾那个年轻的90后。每每回忆起与"鱼爷爷"相处的点点滴滴，"孙辈爱徒"韩亮心里总是充满感激。

记得有一年孵化季，凌晨3点，万籁俱寂，但金万昆并没有睡。孵化季需要有人24小时值班，随时观察亲鱼的状态。当时韩亮正在孵化车间值夜班，金万昆巡查各个车间的情况时，来到了韩亮值班的车间。韩亮回忆说："师父他老来到车间，拍了拍我的肩膀，说年轻人觉多，让我回去睡觉，他替我继续值夜班。我当时心里特别温暖，感觉他老就像亲人一样，像爷爷一样。"

金万昆牵挂着水产育种事业，牵挂着他心心念念的鱼儿，更牵挂着换新每一位员工的成长。

"做"鱼工作千头万绪，而这"万里长征"的第一步，就是挑选种鱼。孵化季最为繁忙，可金万昆却在百忙之中耐心细致地指导后辈。韩亮介绍说："刚进换新工作时，我只是给有经验的老师傅们打下手，边看边学。后来他老让我自己择鱼，然后给我讲解，告诉我有哪些不足，告诉我选鱼的细节。讲解完，他老让我继续在他身边择鱼，一遍一遍来，直到他老认可为止。"

幸运的韩亮得到了金万昆的耐心指点，同时也对师父近乎苛刻的工作态度深有体会。

金万昆指导年轻人选择亲鱼

"记得有一次，师父让我选择的是观赏鱼。他老说不要上来就去择鱼，要先看看整个盆里的情况，里面放了多少水，有多少鱼。首先要去掉不能留的，然后仔细观察其他鱼的各种细节，从颜色、分段、整齐度等方面进行比对，才能最终决定选哪些。"

严师出高徒，韩亮也继承了师父的"苛刻"。如今的韩亮，已经学会了金万昆亲手交给他的"绝活儿"，他总是聚精会神地盯着池中的鱼儿，观察着它们生长的情况，在心里默默地比对，挑选其中的"种子选手"。

在韩亮眼中，金万昆始终用自己的执着和坚守，感动、激励着致力于淡水鱼类遗传育种研究的年轻人。

记得那是2023年的鱼苗繁育季，已经91岁高龄的金万昆即使已因不太方便走路而不情愿地坐上了轮椅，也依然在车间指导工作。他让人把一张简易床搬到生产车间，指挥韩亮等徒弟们适时迁网采卵。

韩亮回忆说："最后做科研项目的时候，有一次给产卵池换水，因为池子很大，排水需要一定的时间，他老就和我说感觉有些累，要去车间的小床上休息一会儿，让我差不多的时候再叫他。当水位排到了平时的位置时，我悄悄去看了一眼，发现他老眯着眼睛，我想让他多休息一会儿，就没叫他，私自把排水阀关了，准备注水。当注水管道一开启的时候，他老听到水声变了，立刻从床上起来了，问我水位排到了多少。我说还是平时的水位，他老就立刻让我把进水阀关上，说：'不是关阀门的时候让你叫我吗？为什么就私自做主了？'我意识到做错了，支支吾吾地说：'看您老眯着呢，就没叫您。'他也没责怪我，而是给我讲解说因为这批鱼已经超过了预期的效应时间，需要排到更低的水位，再打开进水阀用新水刺激它们，让它们加速性成熟并排卵。果然，按照他老的指导，这批鱼很快就发情，可以进行人工催产了。"

韩亮是有私心的，他心疼已经91岁高龄的师父，怕车间的排水声吵醒他。但后来韩亮恍然大悟，哗哗的流水声和鱼儿们的拨水声，在师父的世界里并不是噪音，而更像一剂特殊的安神剂。袁隆平的"禾下乘凉梦"已经实现，而金万昆的"年年有鱼梦"，在他和新一辈育种人的不懈追求下，也将一步步变为现实。

在金万昆看来，科研队伍的建设是淡水养殖业发展的重中之重。他不惜花费上百万元购置实验设备，腾出多半层办公楼建实验室。几十年来，他个人获得的科技奖励全部投入了换新的科研事业中，一分钱也没有留给自己。如今，像韩亮一样的新一代换新人已经成长起来了，他们从亲鱼选育、人工采卵、鱼病防治，到分析研究、论文撰写、

金万昆指导科研人员观察鱼类胚胎发育

学术演讲，各个都能独当一面。

每每回想起师父，韩亮总是伤心的。2024年1月15日，在天津市宁河区委宣传部组织的《他的承诺与生命等长——金万昆同志先进事迹讲述会》上，换新的职工代表们深情讲述了他们与"鱼爷爷"金万昆之间的点滴故事。韩亮以读信的形式，诉说着他对师父的无限思念。

《金老，我想对您说》

天津市换新水产良种场　韩亮

金老，今天是您离开我们的第44天。我不擅表达，就把对您的想念通过这封信寄给您，希望您能够收到！ 8年前，我有幸来到换新良种场工作。依稀记得与您第一次见面时的场景，您语重心长地对我说："要在三到五年时间里创新出一个新品种。"您话语间所流露出的无限激情和高昂斗志，瞬间坚定了我跟随您在水产育种行业走下去的决心。

刚进渔场工作时，我总是对您怀着崇拜和敬仰之心，不敢走近您身边。但是，长久的接触下来才感觉到，您对待每一位员工都是尽心尽力、和蔼可亲，对待工作总是身体力行、一丝不苟。

就在去年四五月的繁育季节，91岁高龄的您，不顾大家的反对，一定要在车间里与我们并肩作战。您让我们把您的床搬到了生产车间，实在累了，您就盖着军大衣躺在床上打个盹。车间里如果有什么动静，您立刻就会从床上爬起来，看看催产池里的亲本、孵化环道里的鱼苗有什么问题。您别忘了，您已经91岁了，您还生着病呢！其实，这时候，您胃口已经不好了，不想吃饭，实在太饿了，才吃两口米粉糊糊垫垫肚子。近两个月的繁殖季，您一直坚持指挥着我们迁网、采卵、孵化。大家伙儿都劝您回去休息，您却对我们说："孵化就是战斗，战斗有休息的吗？"

在去年做育种组合试验的期间，当所有的组合全部生产完毕，放入催产池孵化时，您高兴地说："我们成功了。"您坐在轮椅上高兴得像个孩子。您把育种创新看作渔场的未来，甚至比命还重要。这也让我想到了您之前告诫我们的话："没有创新就没有发展，没有创新就没有进步，没有创新就没有未来。"

金老，按辈分说我应该管您叫爷爷，但在场里我叫不出口。今天在这里我想说：爷爷，请您放心，我会继续努力，我们永远不会停下前进的脚步。您艰苦奋斗、兢兢业业、任劳任怨、永不服输的精神，我们会一代一代传承下去；您矢志于民族水产种业创新的认真严谨的科学家精神，我们会一代一代传承下去；您胸怀国之大者，心系农民的朴素情怀，我们会一代一代传承下去。我们保证您的宏图遗愿永远不灭，您的精神永远激励新一代换新人，生生不息，踔厉前行！

2024 年 1 月 15 日

于金万昆追思会

一辈子做好一件事——『鱼爷爷』金万昆纪事

03 /

错过子女的婚礼

> 金万昆回忆说："会纯结婚那天，看着老伴儿长兰累成那样，右边半边脸肿得老高，我心里是一万个心疼！把家交给她，我心里又是一万个放心。可场里的事要是办不好，我不踏实。实在是没辙，我恨不是孙猴子，拔根汗毛能分个身，多变一个自己出来帮她分担。"

我们中国人向来含蓄，极少面对面跟至亲说感性的话，婚礼现场往往成为一个情感表达的场合。

《礼记·昏义》有言："昏礼者，将合二姓之好，上以事宗庙，而下以继后世也。故君子重之。"这说明中华民族自古就重视婚礼这一传统仪式。可世上安得两全法，金万昆自从承诺杨扶青副部长"做鱼"之后，就几乎把自己全部的时间和精力贡献给了水产育种事业。

那么多知识需要去学习，那么多试验需要去设计，那么多数据需要去记录。就算没有繁重的科研工作，一池池的鱼也需要天天照看、喂食。鱼饲料需要精心调配、定点投喂，鱼池的水也需要定期检测和更换，这些关于"鱼儿"的大小事像一根无形的绳子，把金万昆牢牢地拴住了。

一年年的孵化季，换新水产良种场的鱼儿们欢蹦乱跳。一年年过去，金万昆的四个孩子也长大了。

会敏、会彬、会纯、会杰都很懂事，知道父亲工作忙。几个孩子有一个共同的感受，那就是从小到大并不经常见到父亲，只是常听母亲念叨："你们的爸爸是个大忙人，是个老实人。"金会彬、金会纯两兄弟最能体会母亲的这句话。父亲整天在渔场，家里的一切全由母亲一个人操持。想见父亲了，或者有事需要和父亲商量，兄弟两人便借一辆破旧的自行车，结伴去场里找父亲。

金会纯的妻子，也就是金万昆的二儿媳付占运，回忆起一段往事。

"我是1984年初，经人介绍和我爱人认识的。在我俩相处的那段时间，我就已经听说他老是远近闻名的养鱼专家。后来我去过他们家几次，但总也见不到他老的身影，都是婆婆一个人忙前忙后。"

金会纯不好意思地和她说："别说你见不着他，就连我们这些做儿女的平时也见不着，有事都得上场里找他。"

光阴如过隙白驹，一晃就到了谈婚论嫁的时候。但是，这个"准二儿媳"还一次也没有见过金万昆。付占运觉得这样礼数上说不过去，于是她和金会纯说："走，咱去场里吧。这都快结婚了，也没能拜望一下他老，不太合适。"

金会纯说："其实也没嘛事，我爸不在意这些，说不定咱俩的婚礼他都不去呢！"

金会纯本想宽慰她，可付占运的心里却像打翻了五味瓶。后来，付占运还是让金会纯骑车带着她去场里，在孵化池旁边见到了金万昆。

付占运回忆说："那是我在结婚前，唯一一次见到他老。"

婚礼如期而至。那个年代的婚礼流程特别简单，就是男女双方的父母和亲朋坐在一起吃个饭。但直到当天下午三点多，作为男方父亲的金万昆都没有露面。付占运的心里直打鼓，以为公公对她不满意。这可急坏了婆婆马长兰，她赶紧差大儿子骑车去喊金万昆回家。

当金万昆匆匆赶回家之后，马长兰终于抑制不住地掉下了委屈的眼泪："你还知道回来啊？你还知道有这个家啊？"

看着妻子因为上火起的水泡和高肿的半边脸，金万昆感到无比心疼与内疚。

原本金万昆是要准时出席婚礼的，但当时正是一年中最忙碌的孵化季，正巧婚礼当天一大早，孵化池就出了点问题。金万昆六点不到就出门了，直到下午三点多才把棘手的问题解决。这时候，来喊他回家的大儿子到了，金万昆连工作服都没顾上换，就急忙往家赶。

金万昆回忆说："会纯结婚那天，看着老伴儿长兰累成那样，右边半边脸肿得老高，我心里是一万个心疼！把家交给她，我心里又是一万个放心。可场里的事要是办不好，我不踏实。实在是没辙，我恨不是孙猴子，拔根汗毛能分个身，多变一个自己出来帮她分担。"

即便金万昆愧疚万分，但假使让他重新选择，他仍会把工作放在首位。那一孵化池的鱼要是出了问题，损失多达十几万元。这是换新村的集体财产，容不得半点马虎，别说是错过儿子的婚礼，就是天上下刀子，金万昆也会义无反顾地前往。

婚后，金会纯对付占运说："媳妇，你别往心里去，也别埋怨咱爸。大姐和大哥结婚的时候，咱爸也因为孵化季工作忙，没出席婚礼。"

　　等到小女儿金会杰结婚的时候，金万昆终于有时间出席婚礼了，但一应事宜的操持还得靠妻子马长兰。在物资相对匮乏的20世纪80年代，买东西都得要票。金万昆由于工作出色，当了几年宁河县人大常委会委员，认识县里的不少领导。小女儿结婚必须要买的洗衣机、自行车、电冰箱什么的，金万昆只要找找领导，肯定能弄到票。

　　但金万昆自始至终都没有这么做，他早就和妻子表明了自己的态度："天底下没有哪个当父母的不心疼自己的孩子。但买东西的事，咱们和亲家商量一下，能买就买，不能买也不要紧，咱绝对不能给领导找麻烦。"

　　这就是共产党员金万昆的做事原则，也是他对家庭深沉而质朴的爱。金万昆深知，对家庭的亏欠太深、太重，但他也明白，正是家人的理解与牺牲，让他得以在水产育种的道路上无后顾之忧地前行，并将自己毫无保留地奉献给祖国的育种事业。

04 /

年产40亿尾的背后

> 如果说突破鱼类远缘杂交是在"质"上下功夫搞突破，那么黏性鱼卵脱黏就是在"量"上做文章。没有质而空谈量是无源之水、无本之木；没有量而空谈质，则是空中楼阁、镜花水月。因此，没有质的量、没有量的质，都是行不通的。

在换新水产良种场党支部书记孙杰的办公桌上，放着这样一张账单：2024年共生产销售鱼苗25亿尾，销售范围覆盖全国22个省、自治区、市……

孙杰说："我们换新的鱼苗售价低，虽然利润少，但可以让利给养殖户。2024年这一年，我们销售了鱼苗25亿尾，推广到全国22个省区市，推广养殖面积达到了138万亩，已带动8.5万人养殖，预计可产成鱼146万吨，实现养殖效益163亿元。"

孙杰和换新人之所以坚持低价售苗，是因为他们牢记着老场长的嘱托：养鱼不容易，不能让养殖户承担太大的成本，要提供质优价廉的鱼苗，让他们致富。换新场常年供不应求的优质苗种，比如黄金鲫，从推广养殖后，时至今日没有涨过一次价。

"换新目前是我国北方规模最大、销售量最多、鱼苗推广范围最大的淡水鱼良种场。"孙杰骄傲地说。

孙杰骄傲的背后，是金万昆和换新人几十年努力的成果，这也是换新的底气所在。这份底气一方面来自换新培育的优质苗种，另一方面则来自换新的苗种年产量和推广能力。

1和0的辩证关系

对于任何产业来说，技术是前面的那个"1"，产能则是后面的那些"0"。没有产能而一味空谈技术，是万万不行的，因为只有产能上去了，才能真正将技术开花结果、造福于民。

拿淡水鱼养殖来说，良种是1，推广养殖量是1后面的0。没有前面的1，后面再多的0也对产业发展没有任何意义；而只有前面的1，费心培育的良种将面临无法大规模养殖的窘境。

因此，金万昆在创新鱼类多性状复合育种和远缘杂交技术体系，先后育成11个国审新品种的同时，更着眼于提高水产良种的产能。

鲤、鲫等产黏性卵苗种规模化生产的关键是黏性卵的脱黏技术。在自然界中，淡水鱼类中产黏性卵的品种最多，比如常见的鲫鱼、鲤鱼、黄颡鱼、团头鲂、大口鲇、泥鳅等。这些鱼类所产的卵之所以具有黏性，主要因为卵中有次级卵膜，遇水时会产生黏性。鱼卵下沉后附着在岩石、水草上，容易导致孵化过程中局部缺氧，影响胚胎的正常发育。同时，鱼卵黏附在一起或附着在物体上，使观察和管理变得困难，让人难以及时发现异常情况。

既然有了现实的困难，那么也就有了下一步重点攻关的方向。由此，金万昆在多年实践的基础上实现了技术突破，研究出黏性卵自然脱黏技术及装置，解决了"鲤、鲫鱼黏性受精卵不能大批量脱黏"这一技术难题，使鱼苗孵化率提高40%，生产成本下降30%。这之后，金万昆发明了节水型孵化环道，使单位水体鱼苗孵化量提高了1000倍。

　　同时，金万昆还创新出"亲本强化培育、大批量催产受精、环道高密度孵化、水温水质监控、乌仔池塘高密度绿色培育技术、集约化鱼苗打包装运"的苗种产业化生产和推广体系，实现了生产季节40天内批量化生产推广优良苗种40亿尾的高效率。

　　金万昆发明的"仿真鱼巢制作及使用技术"投入使用后，优良鱼苗生产能力大大提高。他还发明了"精养池养鱼小网箱""鲤科鱼类亚科间远缘杂交的方法"等10项新技术，被国家知识产权局授予实用新型专利和发明专利。

　　金万昆带领科研团队研究的这些技术，涵盖了亲本选育、亲本配组、人工催情、人工授精、自然脱黏、环道高密度孵化、鱼药防治、打包装运等多个生产环节。以这些技术为核心，换新水产良种场构建了完善的苗种产业化生产技术体系，在苗种批量化生产中发挥了重要作用。为解决我国南北方需苗时间不同的问题，通过多年实践，金万昆探索出苗种早繁技术，以生产季40天为期，分三个阶段分别供给长江以南地区，华北、晋陕地区，东北、内蒙古地区，从而使"换新牌"优质苗种得以满足不同地区的苗种需求，促使我国淡水鱼养殖业形成了"北鱼南调、北鱼南养"的新格局。

老骥伏枥，志在千里

如果说突破鱼类远缘杂交是在"质"上下功夫搞突破，那么黏性鱼卵脱黏就是在"量"上做文章。没有质而空谈量是无源之水、无本之木；没有量而空谈质，则是空中楼阁、镜花水月。因此，没有质的量、没有量的质，都是行不通的。金万昆把自己的注意力放在"黏性卵脱黏"上，经过十余年的研究终于获得突破。

老骥伏枥，志在千里。那是2019年，已经87岁高龄的金万昆，带领换新的科研人员，硬生生把难点干成了亮点，一口气申报了"鱼类受精卵批量脱黏孵化系统"发明专利，以及"鱼类受精卵批量化孵化装置"和"鱼类黏性卵大批量脱黏装置"两项实用新型专利。

年产40亿尾鱼苗的背后，是金万昆带领换新人多年的生产实践与刻苦攻关。从风华正茂到耄耋老人，时年已年近九旬的金万昆依旧奋战在水产育种第一线，用发明创造解决了水产育种多项"卡脖子"难题，为将鱼类种业的"芯片"牢牢攥在中国人自己手里而不懈奋斗。

05 /

贵在始终如一

> 换新职工董开田在缅怀金万昆的讲述会上，捧着他生前穿过的白背心，深情地说："老人家对党忠诚，他老曾经和我说过，党的事业高于一切。老人家对事业的执着与热爱令人钦佩。作为后人，我们应该牢记老人家的遗愿，努力把水产事业做好。"

随着人民消费观念的改变，消费需求已经由过去的"有没有"转变为"好不好"。健康化、营养化、多样化的食品消费观念逐渐形成，这对渔业的发展提出了新要求。进入21世纪以来，金万昆变得更忙碌了，消费者的食用喜好与养殖户的生产需求，越发成为他研究的重点。

白天，金万昆在各个车间来回奔忙，晚上他就坐在自己的小办公室里查资料，写论文。稍有闲暇，他便与前来购买鱼苗的养殖户们聊天，倾听他们在养鱼过程中遇到的难题，然后记录下来。金万昆知道，这些难题就是换新未来的努力方向。

来自金老的鼓励

50多岁的刘风泽，也是土生土长的宁河人。父辈从事水产养殖工作，他耳濡目染，23岁时开启了自己的水产养殖事业。刘风泽很早就听说过金万昆的大名，每次去换新买鱼苗的时候，都会和他崇敬的金老打声招呼。记得有一年，刘风泽的水花鱼苗没养好，死了不少，亏得厉害。他失去了继续搞水产养殖的信心，萌生退意。

金万昆得知刘风泽的困难，主动给这个晚辈打去电话，邀请他来换新好好聊聊。

刘风泽说："他老给我讲了很多，把水产养殖的关键点从头至尾、毫不保留地给我讲了一遍。他告诉我要看准市场，考虑养殖周期，规划几月份投苗收益更大，还给我讲解了很多技术、资金、销售等问题。"可以说，是金万昆让刘风泽重拾养鱼的信心，在他心里，金万昆就是他这个养鱼人的再生父母。

金万昆仿佛是养鱼人的心灵寄托。大家伙儿知道，只要金万昆在，他们就不会亏本，遇到任何养鱼问题，金万昆都能解决。每年开春，刘风泽都会去换新买鱼苗，雷打不动。而比买苗更重要的，是看望金万昆。

"只要他老在，我们心里就踏实、有着落。每次我们爷儿俩在车间里见面，老远就招手。我走到跟前，他都像老父亲一样，教育我怎么做人，怎么搞养殖。他是我们养鱼人的贵人，是我们心目中的英雄。"

记得那是2008年，水产行业进入低谷，很多养殖户因为资金链断裂，纷纷退出水产市场。刘风泽也再次产生了放弃的念头。

"金老，我可能干不下去了。养鱼太难了，这应该是我最后一年来找您买鱼苗了。"刘风泽垂头丧气地说。

金万昆耐心地开解他："人生哪有一直向上走的，偶尔也会有摔跟头的时候。你看我就摔过不少跟头，想当初换新刚建成的时候，地方小，设备也旧，我辛辛苦苦养的鱼全死了。当时坐在鱼池边，我止不住地流眼泪。孩子，你年纪轻轻的，有嘛不会的，我教你。"

为了让刘风泽更好地学习养鱼技术，金万昆安排他在换新工作了一年，手把手教他如何养殖，如何拓宽市场。刘风泽资金紧张，金万昆又给予他经济支持，让他先养鱼，后给鱼苗钱。

在金万昆的鼓励下，刘风泽一直坚持着自己的事业，直到今天。

电话风波

为了方便金万昆工作，换新水产良种场给他家里装了一部固定电话。这让换新的工作人员能随时联系金万昆，更为养殖户求教提供了便利。因为大家伙儿都知道，但凡关于水产养殖的问题，打这个电话肯定药到病除。一时间，这部装在金万昆家里的电话成了热线电话。

有一回，二儿媳付占运忘了带手机，但临时有急事，需要给别人回电话。虽然金万昆以前说过，这部电话是换新场安装的，是公家的，家里人不能私用，但情急之下付占运忘了他的要求，就顺手用了这部电话。不巧的是，付占运打电话的时候，金万昆看见了，当时就对二儿媳一顿批评教育。

当时付占运有些不理解：不就是用一下电话嘛，这电话当时也闲着……

金万昆说："这是给我装了办公用的，你打电话的时候万一别人找我，不就占线了嘛，耽搁了急事咋办？而且这电话是公家给报销的，你这岂不是占了公家的便宜？你说你身为一个共产党员，这点觉悟都没有吗？"

当时金万昆很生气，说得付占运面红耳赤。

永不背心

2005年来到换新工作的董开田，在饲料车间工作了8年，2013年转岗到养殖车间养殖亲鱼。在换新最为忙碌的孵化季，董开田和老场长金万昆都在1号车间工作。

孵化期间，全场职工都住在场里，老场长也从不搞特殊。在难得的一丁点空闲时间里，金万昆常常和董开田聊天。有天二人聊起了衣服，只见金万昆撩起上衣一角，露出穿在最里面的白背心，问董开田："小董子，你知道我为什么整天穿这件白背心吗？"

细心的董开田一早就发现，金万昆一年四季都在穿白背心。思索良久，他说："您老穿件白背心，是不是意味着您老永不背心哪？"

听到董开田的回答，金万昆笑了笑，向他竖起了大拇指。

金万昆用这件贴身穿的白背心时时刻刻提醒自己，对事业不要背心，不要忘了自己的初心。董开田在缅怀金万昆的讲述会上，捧着他生前穿过的白背心，深情地说："老人家对党忠诚，他老曾经和我说过，党的事业高于一切。老人家对事业的执着与热爱令人钦佩。作为后人，我们应该牢记老人家的遗愿，努力把水产事业做好。"

06 /

寒来暑往　只为一尾鱼

> 金万昆直至临终前，仍对水产育种念念不忘，一有点精神头，就三倍体、五倍体地念叨着。他意识稍稍清醒的时候，和儿女们说想回换新看看，但病情实在严重，儿女们商量后没有照办。他们知道，爸爸再也见不到他的宝贝鱼了。

直到生命的最后几个月，金万昆还坚持召开学术会议，确定多项杂交育种试验的研究方向。可别人不知道的是，在他的锁骨下面，还扎着锁穿。比起手背上的留置针，锁穿可以承载更大剂量的药物输入。金万昆离世的前几天，围在他床前的同事问他："您疼吗？"金万昆轻声回应："哪儿也不疼。二倍体、三倍体……"外行人不明白这是什么意思，但换新的员工们知道，老爷子念叨的这些是水产育种的专业术语，是他一辈子的牵挂。

可就是这样一位矢志民族种业振兴的水产育种专家，却从来都保持着谦虚的态度。他始终觉得自己是水产战线上的小士兵，所有的本领都源自党的培育，所有的知识都来自书本的教导。几十年下来，他不知疲倦，字典翻烂了一本又一本，资料勾画了一遍又一遍。换新的同志说："他老人家胸口有一道长长的印子，那是他长期伏案读书、写字，胸口在写字台边卡出来的痕迹。时间长了，就成了一道厚厚的茧。"

科学精神薪火相传。为把多年积累的宝贵经验传承下去，金万昆白天工作，晚上总结。他的学术专著《淡水鱼类远缘杂交种染色体图谱》等，在水产遗传育种领域受到广泛关注。

金万昆的办公桌上摆着一个朋友送的葫芦，上面烙着"鱼痴"两个字。对育种试验研究和制种技术的探索，他真的到了痴迷的程度。他常常为了完成一项试验，不顾高龄，废寝忘食，让很多专业学者感到惊讶。经常来换新水产良种场调研考察的中国水产科学院专家沈俊宝在一次采访中说："我们俩是同岁……但我最佩服这个场长，他不考虑年龄，而是考虑事业，考虑怎么把中国水产养殖的苗种生产搞上去。"

为鱼辛苦为鱼忙

2002 年，为了引进原产于美国密西西比河流域的匙吻鲟，金万昆和一名同事去湖北接运鱼苗。回到北方后，气温骤降。眼看匙吻鲟危在旦夕，他俩当即脱下身上的棉大衣盖在匙吻鲟包装箱上。鱼苗保住了，可当时已经 70 岁的金万昆却因为着凉而大病一场。

2003 年，南方部分省份受灾，鱼苗奇缺，农业部渔业局领导把从北方调苗的任务交给金万昆。当年的孵化季，为了完成任务，为了让南方的养殖户有鱼苗，年过 70 的金万昆在春寒料峭时就开始奔忙，抢时间、争速度。这一年，10多亿尾健壮鱼苗被运往南方，缓解了受灾地区鱼苗短缺的问题。

2004年5月，正值孵化期，连日的紧张工作之后，金万昆病倒了。他先是几日吃不下饭，肚子膨胀，解不出大便，接着便发起高烧。换新的职工们劝他去看病，他不肯，最后终于支持不住，晕倒在车间。金万昆被送进医院后，经检查确诊为肠梗阻，医生埋怨说，再晚来一步就会有生命危险。躺在病床上，金万昆脑子里想的还是那些正在孵化的鱼苗，他怕鱼苗长得不好，耽误养殖户买苗。还没完全康复，他就偷着从医院跑回来了，医生让他卧床休息的话也早已抛到九霄云外。他没有回家，而是直接回换新继续工作，下池塘查看鱼苗长势，加泼豆浆促进鱼苗生长。这一年，养殖户们如期买到了换新的鱼苗。

2005年，辽宁省礼重良的养鱼场里，几十万尾草鱼突发怪病，病情迅速蔓延，十几个池塘的鱼危在旦夕。这个有着多年养殖经验的汉子慌了神，一个求救电话打到了换新。金万昆问清病鱼的症状，认为这不是流行性疫病，而是鱼的寄生虫病感染扩散所致，并对症开出药方，病情很快得到控制。这一年，礼重良的养殖场不但没减产，而且还获得草鱼大丰收。

2015年5月下旬，一位来场购苗的养殖户讲，在宁河县苗庄镇附近，有几户人家买了劣质苗，下塘后全部死亡，300多亩水面的鱼无一幸免。金万昆听在耳里，疼在心上，那些农民兄弟的养鱼池一旦空塘，当年将颗粒无收。他当即决定增加产量，支援他们。没过多久，400多万尾鱼苗就被送到了这些养殖户的池塘边，大家感动得不知说什么好。

因鱼结友谊

养殖户刘维民与金万昆是忘年之交，他们相识近30年。回忆起第一次来换新，刘维民记忆犹新。那还是20世纪90年代，当时在沈阳搞水产养殖的刘维民，正在为寻找抗寒性、抗病性更好的水产良种而心焦。来到换新后，金万昆给他推荐了一个新品种："小刘，你试试这个——框镜鲤，我们新育成的。"

刘维民带着框镜鲤鱼苗回到沈阳后，发现这种鱼的表现果然很好。后来，在金万昆的指导下，刘维民进行了进一步的选育孵化，直到现在，框镜鲤在东北依然十分受欢迎。

"在我最困难的时候，是他老拉了我一把。"天津市武清区的张宝养了小半辈子的鱼，可效益总是不乐观。在他的渔场就要撑不下去的时候，他认识了金万昆。

张宝回忆说："养鱼是个技术活，我当时摸不着门道，一年下来辛辛苦苦挣的钱都用来给鱼看病了。"后来，张宝慕名前来向金万昆拜师学艺。见到金万昆的那一刻，张宝仿佛看到了希望。

"我这儿有刚培育出来的津新乌鲫，还在申报国审。这种鱼不易发病、性情温和、耐运输，你愿意养养试试吗？"金万昆给张宝详细讲解津新乌鲫的习性，以及该如何喂养，并叮嘱场职工要时常与张宝联系，帮他解决养鱼过程中遇到的问题。

张宝如获至宝，将津新乌鲫鱼苗带回去精心喂养，鱼上市后大受消费者欢迎。心怀感激的张宝带着礼物去感谢金万昆，金万昆却说："你养鱼不容易，这些东西拿回去，以后有什么困难随时来找我。"张宝感动得热泪盈眶，从那以后，他将自己的渔场更名为"向新养殖专业合作社"。这个"新"字的寓意不言自明，这也算是张宝这个记名弟子，对师父金万昆的一种致敬。

为鱼献终身

金万昆的生活里除了他热爱的鱼，仿佛没有别的事儿。唯独有一次，他提到想去看看新修的横跨蓟运河的光明桥。可是因为他上班的路线并不经过光明桥，所以直到他去世，也没能如愿。

据付占运回忆，2023年初，金万昆开始日渐消瘦，身体越发不舒服。儿女们轮番劝他去看病，但金万昆非常倔："谁在我跟前说看病俩字，我就跟谁不客气。"

儿女们都知道，又到了孵化季，老人放不下他的鱼，所以才不肯住院。家人们心里虽着急，但最后只能眼睁睁看着金万昆拖着疲惫的身体坚持在工作岗位。他依旧日夜守护在孵化环道旁，坚持不住了就在旁边的简易床上躺一会儿。子女和场职工每每看到这个场景，都会眼圈发红。

金万昆还是累垮了，这回是他主动要求去看病的。那时，2023年的孵化季已经顺利结束了。

一通检查下来，医生告诉付占运，老人家的寿命已经进入倒计时。家人听到这个消息，心里像被重锤击打一般，沉闷着发痛。经过商量，大家决定瞒着金万昆，让他安心住院。

已经91岁高龄的金万昆，在住院期间依然惦记着场里的事，精神稍有点好转，就吵着要回家。

付占运回忆起这样一个细节："他老总跟大夫提出要回家，每次都被大夫拒绝了。有一天，我在住院部走廊里拿轮椅推着他，他突然看到有扇常闭的大门打开了。他老回过头来对我说：'咱们快走、快走。'我当时有点发蒙，不明白他老的意思。他接着说：'这门不是开着嘛，咱们赶紧回家，别让大夫看见咱们。'"

一时间复杂的情绪涌上付占运的心头，两行热泪夺眶而出。她知道老人归心似箭，但也深知他的病情绝不允许出院。于是，付占运假装将金万昆往门口推，但实际上自己的步子迈得很小。最终，金万昆只能眼巴巴地看着住院部的大门徐徐关上。他瞅瞅关上的大门，再回头瞅瞅付占运，难掩失望的神色。看到一生要强的金万昆露出如此无助的表情，付占运忍不住再次落泪。

2023年8月25号，换新水产良种场将召开一个非常重要的学术会议，要对5年以来换新进行的100多项杂交育种试验成果进行总结。早在几个月前，金万昆就定好了会议议程，并邀请数位水产专家出席，以共同确定换新未来几年的研究方向。

而恰在此时，医生却向金万昆传达了即将进行手术的消息。这让金万昆愈加焦虑，他怕自己下不了手术台，怕会议开不成。所以，他才像个孩子一样，一次次任性地要求回家。

在住院期间，有一次金万昆高烧不退，烧得人都有些迷糊了。他突然间提高声调对身边的子女说："你们回家去给我煮些鸡蛋吧。"

子女们面面相觑——当时金万昆的病情已经只允许他吃流食了。

但孝顺的子女们还是赶紧回家煮鸡蛋，又一刻不敢耽误地将煮熟的鸡蛋拿到金万昆的病床前。只见金万昆颤着双手，接过剥了壳的鸡蛋，哆哆嗦嗦地将蛋白与蛋黄分离，又把蛋黄轻轻揉碎，然后对病床边的子女说："你们快去，把这些个碎鸡蛋黄撒在8号池子里头，快去。"

大家虽不明白爸爸的用意，但还是连声应着，等离开病房才悄悄给场里打电话询问。原来，8号鱼池是金万昆正在培育的一种水产新品种，马上就要验收了，需要给这批鱼加强营养。

金万昆直至临终前，仍对水产育种念念不忘，一有点精神头，就三倍体、五倍体地念叨着。他意识稍稍清醒的时候，和儿女们说想回换新看看，但病情实在严重，儿女们商量后没有照办。

他们知道，爸爸再也见不到他的宝贝鱼了。

07 /

> 老场长金万昆矢志民族种业振兴，他引领了一个时代的水产育种工作者不懈奋斗、大步前行，也必将鼓舞新一代年轻人投身到水产育种这项伟大的民族事业之中。

经过多年的艰苦创业，老场长金万昆带出了一个最"先"良种场。"先"当然是先进的"先"。

在换新会议室整整一面墙的陈列柜里，放满了金万昆和换新获得的各种荣誉证书和专利证书。其中有一个造型精致的渔船工艺品，那是2017年4月11日，孟加拉国渔业代表团来场里考察时，赠送给金万昆场长的礼物。

一花独放不是春，百花齐放春满园。金万昆在自身攻关淡水鱼育种的同时，也不忘培养后来者。他要让鱼苗更健壮、更漂亮，也要培育出更多更出色的养鱼人。

2002年，一批来自祖国西北省份的水产养殖专业的青年学生来到换新水产良种场实习。金万昆把场里最好的宿舍楼安排给他们住，还专门为他们购置了彩电，鼓励他们学习水产育种的前沿信息。

据金万昆的徒弟高永平回忆，金万昆在住院期间，经常把他叫到医院谈工作。那个时候，高永平的心情十分复杂。他理解师父牵挂工作的心，可看到师父坐在轮椅上，插着氧气管，手上还输着液，高永平心里就止不住地难过。他坐在一旁的小马扎上，师父一边说，他一边写，有错误的时候，师父还耐心地提示他改正。

高永平心疼师父，于是他多了个"心眼"。他默默关注着时间，每每和师父一起工作快一小时，就假装出去接电话或上厕所，过五到十分钟他再回来，为的是让师父多休息一会儿。

可高永平一回病房，金万昆劈头就说："你小子又跑外面偷懒去了，咱们的时间来不及了，要抓紧啊。"

是啊，近5年来，金万昆带领换新培育出了100多个水产种质资源，他还没能亲眼看到它们成长为水产新品种，向全国的养殖户推广养殖。金万昆这个换新水产良种场的"舵手"，这个全场职工的"家长"，在住院之前，就把这些年的研究成果完整地交到了场里年轻一代科研人员的手上。他坚信这些年轻人会继承他的衣钵，将淡水鱼育种工作的接力棒抓稳，跑向更远的未来。

粗略统计，过去10年来，换新累计推广淡水鱼苗种共29个品种、279亿尾，养殖地覆盖28个省区市，养殖面积达1634万亩。从鱼苗饲养到商品鱼的成活率按60%计算，10年间换新推广的鱼苗可养成商品鱼约167亿尾，总产量达2451万吨，养殖效益达2941亿元，使81.7万人直接从事淡水鱼养殖业。

金万昆对社会做出如此大的贡献，可他平时的生活非常俭朴。一条裤子膝盖处磨得发亮，他也舍不得换。一个人造革小包，他用了十几年，缝了又缝。一件皮夹克，他穿了快20年，因为长期伏案工作，袖口和手肘处都磨破了。

换新场办公楼二层，右手边最里面的一间小办公室，里面仍是金万昆生前工作时的模样。地面的瓷砖有两种颜色，那是因为有的瓷砖破损，金万昆不让重铺，找工人用库存的砖补上了；破旧的椅子和窗台上糊了一层层的胶带，他始终不让换，自己默默地粘了又粘。

唯独一样，金万昆从不将就，那就是他的打火机。高永平从师父的办公桌上拿起一个绿色的打火机说："他老的打火机必须是这个颜色。"

这是为什么呢？常言道"养鱼先养水"，可见水质好是养好鱼的重要条件。溶氧量达标的水体是淡绿色的，这是金万昆最喜欢的颜色。他用这个颜色的打火机，就是在提醒自己和换新的职工，养鱼不能马虎，养殖池必须达到这个颜色才叫合格。

孙杰说："老场长对换新人的要求非常高。在开会的时候，他强调最多的一句话就是'要时刻记住自己是一名党员'。"

有好几回，孙杰都恍惚间觉得，老场长好像还在这间小屋子里办公。深夜，淡绿色的台灯倾洒下柔和的暖光，老场长还是穿着那件破旧的毛衣，一旁的饭菜都放凉了，他还在专注地翻阅文献，手里握着红蓝黑三个颜色的铅笔，像往常一样，在字里行间寻找着淡水鱼育种的"通关密码"。

老场长金万昆矢志民族种业振兴，他引领了一个时代的水产育种工作者不懈奋斗、大步前行，也必将鼓舞新一代年轻人投身到水产育种这项伟大的民族事业之中。

一辈子做好一件事——「鱼爷爷」金万昆纪事

风乍起，吹皱一泓水。金万昆对水产育种事业的执着与坚守，一如那奔流不息的蓟运河一般，永远向前奔腾、永远向前、永远……

金万昆育种科研团队
11个国审新品种简介

红白长尾鲫

红白长尾鲫是我国第一个人工育成的观赏鱼新品种。该品种于2002年通过全国水产原种和良种审定委员会审定，品种登记号为GS-02-001-2002。

红白长尾鲫体表底色为银白，头部、背部及两侧分布有红色斑块，红白相间，分界鲜明；体态独特，尾鳍长度等于或大于体长，薄而柔软，形如飘带；游姿飘逸，素有"水中美人鱼"之称，极具观赏价值。红白长尾鲫适应能力强，适宜在全国人工可控的淡水水体中养殖，1999年被评为天津农业名牌产品，2003年荣获天津市科技进步三等奖。

该品种畅销国内外市场，远销欧洲和东南亚国家，国内已推广到北京、河南、辽宁等10余个省区市。

红白长尾鲫外形图

蓝花长尾鲫

蓝花长尾鲫是人工培育的观赏鱼新品种，于2002年通过全国水产原种和良种审定委员会审定，品种登记号为GS-02-002-2002。

蓝花长尾鲫体色为天蓝色，鳞片半透明且具有银色闪光，体表分布有红色斑块与黑色斑点；各部鳍条均超长，尾鳍生有极其明显的黑色条纹；游姿优美飘逸，素有"水中蓝孔雀"之称，极具观赏价值。蓝花长尾鲫适应能力强，适宜在全国人工可控的淡水水体中养殖，1999年被评为天津农业名牌产品，2003年荣获天津市科技进步三等奖。

该品种畅销国内外市场，远销欧洲和东南亚国家，国内已推广应用到北京、河北、河南、辽宁、山西等10余个省区市。

蓝花长尾鲫外形图

墨龙鲤

墨龙鲤是经多代选育而成的锦鲤新品种，于2003年通过全国水产原种和良种审定委员会审定，品种登记号为GS-01-004-2003。

墨龙鲤鱼体呈纺锤形，脊背、体侧及各部鳍条均为墨黑色，肉质细嫩，营养丰富。该鱼食性广，适应性强，适宜在全国人工可控的淡水水体中养殖，兼具观赏和食用价值，1999年被评为天津农业名牌产品，2004年荣获天津市科技进步三等奖。

墨龙鲤外形图

乌克兰鳞鲤

乌克兰鳞鲤是来自俄罗斯的鲤鱼良种。2002年换新水产良种场将其引进后，培育为经济性状优良、种质纯正、种性稳定、遗传多样性丰富的鲤鱼新品种。该品种于2005年通过全国水产原种和良种审定委员会审定，品种登记号为GS-03-001-2005。

该品种生长速度快，抗病、抗寒力强，饲料系数低，成活率高，适宜在全国人工可控的淡水水体中养殖。该品种连续多年被农业农村部遴选为全国渔业主导品种，2011年荣获天津市科技进步三等奖。

乌克兰鳞鲤外形图

津新鲤

津新鲤是以1988年从中国水产科学研究院淡水渔业研究中心引进的，以建鲤为基础群体选育的新品种，于2006年通过全国水产原种和良种审定委员会审定，品种登记号为GS-01-003-2006。

津新鲤鱼体呈纺锤形，体色常随养殖环境不同而有所变化，通常背部及两侧为青灰色，腹部为灰白色，臀鳍和尾鳍下叶为橘红色。津新鲤对水体的适应性强，适温范围广，耐寒力强，适合北方地区推广养殖，在我国三北地区的越冬成活率达98%。该品种生长速度快，可当年养成商品鱼，适宜在全国人工可控的淡水水体中养殖，连续多年被农业农村部遴选为全国渔业主导品种。

津新鲤外形图

黄金鲫

黄金鲫是以提高生长速度和优化体色为目标而育成的鲤鲫杂交新品种。黄金鲫呈鲫鱼形，生长速度快，比普通鲫鱼生长快2.1倍，当年放养的夏花，年底可养成商品鱼。黄金鲫的抗病力强，抗逆性强，适应性广，鳞片紧实，耐运输。该品种于2007年通过全国水产原种和良种审定委员会审定，品种登记号为GS-02-001-2007。

黄金鲫适宜在全国人工可控的淡水水体中养殖，特别适合池塘、水库、盐碱地、滩涂、矿区塌陷地等水域养殖，也适合稻鱼综合种养，已累计推广至30个省区市。

该品种荣获天津市首届优质农产品"金农奖"，连续多年被农业农村部遴选为全国渔业主导品种。

黄金鲫外形图

津鲢

津鲢是我国"四大家鱼"中首个人工选育的鲢鱼新品种。该品种以1959年河北省政府奖励的3000尾长江原种鱼苗为基础群体，历经40余年封闭式系统选育而成。该品种生长速度快、繁殖力强、遗传多样性丰富，于2010年通过全国水产原种和良种审定委员会审定，品种登记号为GS-01-002-2010。

该品种连续多年被农业农村部遴选为全国渔业主导品种，2018年荣获天津市科技进步三等奖。其适宜在全国人工可控的淡水水体中养殖，也是国内水产养殖中用于立体养殖的好品种，已在黑龙江、河北、江苏等10个省区市推广养殖。

津鲢外形图

芦台鲂鲌

芦台鲂鲌是鲂鲌杂交育成的鲌鱼类新品种。该品种生长速度快、耐低氧、食性广、饲料系数低、抗病性强，适宜高密度养殖。其肉质皎白细嫩、口感鲜美、营养丰富，2012年通过全国水产原种和良种审定委员会审定，品种登记号为GS-02-002-2012。

芦台鲂鲌多次被遴选为天津渔业主导品种，适宜在全国人工可控的淡水水体中养殖，已推广到黑龙江、山东、重庆、江苏等12个省区市，荣获中国水产科学研究院科技进步三等奖。

芦台鲂鲌外形图

津新乌鲫

　　津新乌鲫是我国首个人工育成的全黑体色杂交鲫鱼新品种。该品种的主要经济性状为生长速度快，抗寒、抗病力强，适宜在全国人工可控的淡水水体中养殖。其鱼体及各部鳍条均为墨黑色，适温性广，饲料系数低，营养价值高，游姿优美，有"水中黑玫瑰"之称，极具食用和观赏价值。该品种于2013年通过全国水产原种和良种审定委员会审定，品种登记号为GS-02-002-2013。

　　津新乌鲫荣获2016年天津市科技进步三等奖，已推广到北京、广东、浙江等16个省区市。

津新乌鲫外形图

津新鲤2号

津新鲤2号是以提高生长速度为主要选育目标育成的鲤鱼新品种。该品种生长速度快,当年夏花可养成商品鱼。其抗病、抗寒力强,成活率高,养殖产量高、效益好,被誉为"超级鲤"。该品种于2014年通过全国水产原种和良种审定委员会审定,品种登记号为GS-02-006-2014。

该品种荣获中国水产科学研究院科技进步三等奖,连续多年被农业农村部遴选为全国渔业主导品种,2018年被评为天津市知名农产品、"津农精品"。其适宜在全国人工可控的淡水水体中养殖,已推广至全国26个省区市。

津新鲤2号外形图

津新红镜鲤

津新红镜鲤是以体色金红、散鳞、生长速度快为目标性状而选育的鲤鱼新品种。该品种抗病力强，肌肉洁白，肉质细嫩，味道鲜美，鱼皮富含β-胡萝卜素，具有独特的营养价值。其于2018年通过全国水产原种和良种审定委员会审定，品种登记号为GS-01-002-2018。

该品种兼具食用与观赏价值，是休闲渔业的佳品，适宜在全国人工可控的淡水水体中养殖，已推广至黑龙江、山东、重庆、江苏等12个省区市。该品种荣获第三届中国国际现代渔业暨渔业科技博览会"最佳创新奖"。

津新红镜鲤外形图

后 记

追寻"鱼爷爷"的"足迹"

　　不论时代如何发展，不论劳动形态怎样变化，崇尚劳动、热爱劳动与辛勤劳动、诚实劳动的精神不会变。任何时候，实干都是劳动者最为显著的身份标签，也是取得事业成功的最佳捷径。

　　"鱼爷爷"金万昆，以"择一事终一生"的执着专注，"干一行钻一行"的精益求精，"偏毫厘不敢安"的一丝不苟，"千万锤成一器"的卓越追求，把水产育种当成毕生的事业，倾情付出一生。

　　任何时候，传承和创新都是劳动者的不懈追求，是推动高质量发展的关键。从"鱼爷爷"金万昆这一生坚持做好一件事来看，我们看到了劳动者的辛勤付出，也看到了劳动者的荣光。他们在劳动中所体现出的坚守与热爱，是一笔无与伦比的财富，让我们相信，只要付出足够的努力，就可以创造幸福，成就梦想。

有人说，"如果没有他，你我的餐桌上可能会少一条鱼"。

小康梦、强国梦、中国梦，归根到底是老百姓的"幸福梦"。诚如习近平总书记在 2024 年新年贺词中指出的，"我们的目标很宏伟，也很朴素，归根到底就是让老百姓过上更好的日子"。历史告诉我们，每个人的前途命运都与国家和民族的前途命运紧密相连。实现中国梦，就是要让生活在我们伟大祖国和伟大时代的每一个中国人，共同享有人生出彩的机会，共同享有梦想成真的机会，共同享有同时代一起成长与进步的机会。

"鱼爷爷"金万昆，把自己活成了一座山，长成了一道岭，竖起了一座丰碑。人真的可以很纯粹吗？我想应该是可以的，就有那么一个人，纯粹地为了热爱，纯粹地为了一句承诺，纯粹地为了老百姓而将一件事坚持了一辈子。

60 多年前，金万昆答应杨扶青副部长，接过为新中国研究淡水鱼育种的重任。这一诺，他践行了一辈子，为国家育好鱼，为百姓吃好鱼，一辈子干好了这一件事，直到生命的最后一刻。

他的承诺与生命等长。

从 2024 年早春直至暑气蒸腾的仲夏，我将自己全部的业余时间投入这本书的写作之中。其间需要克服很多问题，时间是第一位的。每天晚上 8 点后查阅资料、学习整理、写作修改，成了我雷打不动的习惯。我多次去往天津图书馆，尽可能借阅了可以参考的书籍，同时利用相关数据库，收集了所能查到的关于金万昆的所有报道，并加以整理。

累吗？有点累。苦吗？有点苦。快乐吗？很快乐。能够将自己这段时间全部的业余精力，放在向一位先进人物的学习上，我感到很荣幸，也很值得。同时，作为一名由天津市总工会、天津市作家协会培养起来的"职工作家"，能够以"职工作家"的身份，写天津市选树的全国老劳模、全国老模范，我想这是我的荣幸，更是我的职责所在。

在本书构思、采访和写作过程中，天津市委宣传部、天津市总工会、天津市作家协会，以及宁河区委宣传部、宁河区总工会、宁河区文联相关领导，帮助解决了很多难题和困扰。其间，数次请益天津科学技术出版社的领导和编辑老师们，小叩辄发大鸣，给我许多启迪。

感谢天津市换新水产良种场的孙杰、杨建新、韩亮、高永平、赵建英等同志的全力配合。相关历史资料参考了1998年出版的《金万昆传》，笔者多次致电《金万昆传》的作者——已经80多岁高龄的宋汇文老师，请教相关问题，感谢宋汇文老师的无私帮助。

所有为笔者提供帮助的人，在此一并致谢。

长路漫漫——

而今，虽然"鱼爷爷"金万昆已经离开了，可他的精神将永远激励着海河儿女奋斗不止，奋楫笃行！

参考文献

[1] 宋汇文. 金万昆传[M]. 北京：东方出版社，1998.

[2] 金万昆. 淡水养殖鱼类种质资源库[M]. 北京：中国农业科学技术出版社，2011.

[3] 金万昆. 淡水鱼类远缘杂交种染色体图谱[M]. 北京：中国农业科学技术出版社，2007.

[4] 金万昆. 淡水鱼类远缘杂交实验报告[M]. 北京：中国农业科学技术出版社，2009.

本书内容参考《天津日报》、《今晚报》、津云、宁河融媒有关报道，本书图片由天津市换新水产良种场提供，特此致谢。